Inge Ghosh:

Naturheilkunde für Hunde

19,80

Inge Ghosh:

Naturheilkunde für Hunde

Die Originalausgabe dieses Buches ist 1985 unter dem gleichen
Titel im ECON-Taschenbuch Verlag erschienen

© by Econ Verlagsgruppe, Düsseldorf
aktualisierte und überarbeitete Neuauflage
pala-verlag, Darmstadt 1995
Titelgestaltung: Gila Korflür
Zeichnungen: Helwin Horras
Druck: Fuldaer Verlagsanstalt
Printed in Germany

Inhalt

Für die Mithilfe bei der Erstellung dieses Buchs bedanke ich mich bei meinem Kollegen Walter Bresslein.
Für die freundliche Beratung bei der Anwendung von Kräutern danke ich Grit Nusser.

Vorwort

Die Motivation, dieses Buch zu schreiben, war mein Wunsch, die positiven Erfahrungen mit Naturheilmethoden bei der Behandlung kranker Hunde weiterzugeben und Freunde und Skeptiker aufzufordern, sich ebenfalls damit zu beschäftigen.

In einem Zeitraum von fünfzehn Jahren, in denen ich Hunde gezüchtet habe, ergaben sich eine Reihe von Situationen, bei denen die Grenzen der therapeutischen Möglichkeiten der Schulmedizin deutlich wurden. Tierärzten, auf deren Hilfe ich in dieser Zeit immer wieder angewiesen war, bringe ich nach wie vor viel Respekt entgegen, aber gerade ihr Achselzucken zu manchen unheilbar scheinenden Erkrankungen war für mich der Ansporn, nach Alternativen zu suchen.

Durch familiäre Kontakte zu asiatischen Ländern waren mir dort übliche naturheilkundliche Anwendungen bereits bekannt. Durch Literaturstudien bin ich weiter in das Thema eingestiegen und habe zunächst damit begonnen, meine Hunde mit homöopathischen Mitteln zu behandeln.

Verblüffende Erfolge waren das Ergebnis.

Um grundlegende medizinische Kenntnisse zu erwerben und darüber hinaus die Anwendung weiterer alternativer Therapien zu erlernen, habe ich eine Ausbildung zur Tierheilpraktikerin und später zur Heilpraktikerin gemacht.

Die Beurteilung von Krankheitserscheinungen in der Gesamtheit von Körperfunktionen und Reaktionen ist eine faszinierende Er-

kenntnis. Meine Überzeugung, eine Alternative zur herkömmli-
chen Tiermedizin gefunden zu haben, wächst mit den täglichen
Erfahrungen.

Inge Ghosh

Naturheilkunde – was ist das?

Naturheilkunde ist die Lehre von der Überwindung von Krankheiten durch die Unterstützung der körpereigenen Heilkräfte. Für den Naturheilkundler ist Krankheit ein Zusammentreffen vieler Störungen in einem Organismus, und mit Hilfe seiner naturgemäßen Behandlungsmethoden bemüht er sich, solche Störungen wieder ins Gleichgewicht zu bringen. Sein Ziel ist es, die natürlichen Abwehrregulationen zu unterstützen, zu steigern und zu lenken.

Die heilenden Kräfte der Natur wurden bereits vor Tausenden von Jahren zum Wohlergehen der Menschen eingesetzt und rükken heute in zunehmendem Maße wieder in den Mittelpunkt des Interesses.

Was liegt näher, als auch den besten Freund des Menschen, den Hund, mit einzubeziehen? Mit einigen Einschränkungen, die den Verdauungstrakt betreffen, sind die beim Menschen angewandten Methoden auf den Hund übertragbar.

Im Gegensatz zur Schulmedizin, bei der überwiegend Symptome behandelt werden, will man bei der naturheilkundlichen Behandlung vorrangig den gesamten Körper mit seinen Krankheitserscheinungen sehen und ergründen, wo die Ursache für eine Krankheit liegt, um dann unterstützend zu therapieren. Zur gängigen Praxis der Schulmedizin gehört es, medikamentös Schmerzen zu betäuben oder Fieber zu unterdrücken. Für den Naturheilkundler sind Schmerzen in erster Linie Alarmsignale des Körpers und ein wichtiger Hinweis auf Fehlfunktionen. Fieber ist für ihn ein Zeichen dafür, daß der Körper sich mit einer Krankheit auseinandersetzt.

Während man bei Therapien der Schulmedizin mit dem Einsatz von chemischen Mitteln, wie Antibiotika und Cortison, unerwünschte Nebenwirkungen und Organschäden mit teilweise schweren bleibenden Folgen in Kauf nimmt, haben naturheilkundliche Arzneien bei richtigem Einsatz immer eine positive Wirkung. Allerdings verlangt die Wahl des Mittels eine genaue Beobachtung des Tieres und eine individuelle Diagnose.

Selbstverständlich gibt es eine Reihe von Erkrankungen, bei denen eine Behandlung durch einen Tierarzt notwendig ist, wie z. B. Operationen bei Brüchen, Fremdkörpern und großen Tumoren.

Aber auch hier bieten sich viele Möglichkeiten zur vorbereitenden und begleitenden naturheilkundlichen Therapie an, die in jedem Fall den Heilungsprozeß beschleunigen.

Gerade in den Fällen, in denen der Einsatz von Antibiotika und Cortison durch den Tierarzt unumgänglich ist, sollte auf eine begleitende und und anschließende naturheilkundliche Therapie nicht verzichtet werden.

Naturheilkundliche Methoden haben nachweislich ihre größten Erfolge auf dem Gebiet chronischer, psychischer und umweltbedingter Erkrankungen, die den Hund im gleichen Maße wie den Menschen betreffen. Es muß jedoch immer berücksichtigt werden, daß nach dem Prinzip der eigenen Abwehr entsprechende Therapien nur wirken können, solange ein Organ oder Organsystem noch funktionstüchtig ist. Die Grenzen der Naturheilmethoden sind dort erreicht, wo dies nicht mehr gewährleistet ist.

Naturheilkunde ist in jedem Fall eine empfehlenswerte Ergänzung zur Schulmedizin.

In diesem Buch werden verschiedene naturheilkundliche Therapien beschrieben, die beim Hund erfolgreich angewendet werden können.

Eine Reihe davon, wie Homöopathie, Bachblüten, Phytotherapie, Prießnitzwickel, Kneippsche Anwendungen und Akupressur, sind für den Nichtfachmann bei den hier gegebenen Anleitungen sehr einfach nachzuvollziehen. Bei anderen Methoden ist eine fachliche Ausbildung unbedingt erforderlich.

Der Begriff *Naturheilkunde* wird irrtümlich häufig mit *Homöopathie* gleichgestellt.

Richtig ist: *Naturheilkunde* ist der Überbegriff für alle genannten alternativen Therapien, von denen eine die *Homöopathie* ist.

Aufgaben des Tierheilpraktikers

Der Uraltberuf des Tierheilpraktikers (THP) war lange Zeit in Vergessenheit geraten und erfährt seit einigen Jahren seine Wiedergeburt. Zunehmende Umweltbelastungen machen sich auch bei unseren Hunden immer stärker bemerkbar. Chronische und psychisch bedingte Erkrankungen nehmen ständig zu. Viele Menschen suchen heute auch für ihre Haustiere nach Behandlungsmethoden, die frei von schädlichen Nebenwirkungen sind. Man erinnert sich an alte und bewährte Heilmittel aus der Naturheilkunde.

An den Tierheilpraktiker von heute werden hohe Anforderungen gestellt, die über naturheilkundliche Kenntnisse von gestern hinausgehen und eine fundierte Ausbildung voraussetzen.

Zu seinen Patienten gehören häufig Tiere, die lange erfolglos behandelt wurden. Überlieferte Kräuterrezepte alleine reichen daher heute meist nicht mehr aus. Seine Behandlungen erfolgen zwar immer nach dem Prinzip der ganzheitlichen Naturheilkunde, wie es im vorangegangenen Kapitel erklärt ist, aber er bedient sich heute auch manchmal technischer Hilfsmittel.

In das Betätigungsfeld des Tierheilpraktikers gehören nicht:

- Operationen (mit Ausnahme kleiner Eingriffe, die nach dem Tierschutzgesetz ohne Betäubung statthaft sind),
- Impfen,

● das Rezeptieren von verschreibungspflichtigen Arzneien.
Der Tierheilpraktiker sieht sich nicht als Konkurrenz zum Tierarzt, sondern als Alternative.

Behandlungsmethoden

Zu den Behandlungsmethoden des Tierheilpraktikers gehören u.a.:

- Homöopathie
- Phytotherapie
- Bachblütentherapie
- Prießnitzwickel
- Kneippsche Anwendungen
- Akupunktur
- Akupressur
- Eigenblutbehandlung
- Eigenharnbehandlung
- Neuraltherapie
- Magnetfeldtherapie
- Bioresonanz-Therapie

Homöopathie

Das Prinzip der Homöopathie ist »Ähnliches mit Ähnlichem heilen«. Ihr Begründer, Dr. Samuel Hahnemann, hat vor etwa 180 Jahren nachgewiesen, daß die größere Dosis eines Mittels, das beim gesunden Organismus bestimmte Krankheiten hervorruft, in kleinsten Mengen verabreicht eine Krankheit, die mit ähnlichen Erscheinungen verläuft, heilt. Schon damals wandte er seine Heilmethode auch bei Tieren an.

Homöopathische Arzneien werden aus pflanzlichen, tierischen und mineralischen Ausgangsstoffen gewonnen. Es wird zunächst eine Urtinktur hergestellt, die entweder mit Alkohol verdünnt zu Tropfen oder bei unlöslichen Ausgangsstoffen durch Verreibung mit Milchzucker zu Tabletten oder Globuli verarbeitet wird. Die Verschüttelungssvorgänge (Potenzen) erfolgen stufenweise nach genau festgelegten Regeln.

Die Wahl eines homöopathischen Arzneimittels und seiner Potenzen oder die Kombination mehrerer Mittel – auch Komplexmittel – erfordert eine genaue Beobachtung und eine individuelle Diagnose.

Hunde können sehr deutlich und teilweise auch heftig auf homöopathische Mittel reagieren, so daß es gelegentlich zu einer sogenannten »Erstverschlimmerung« kommen kann, d. h., die Krankheitserscheinungen werden vorübergehend stärker, um dann in die Heilungsphase überzugehen.

Phytotherapie

Phytotherapie ist die Anwendung der Pflanzenheilkunde, die auf jahrtausendealten Erfahrungen beruht. Für die Arzneimittelherstellung werden rein pflanzliche Substanzen, d. h. Extrakte oder Teile wie Blätter, Blüten, Rinde, Wurzeln ausgewählter Pflanzen verwendet und zu Tropfen, Tabletten oder Pulver verarbeitet.

Die heute geläufigste Form, Heilpflanzen als Hausmittel anzuwenden, sind sicher der Pflanzentee oder entsprechende Kompressen zur äußerlichen Behandlung. Eine andere Variante ist, den Hunden Blätter bestimmter Heilkräuter unter das Futter zu mischen.

Bachblütentherapie

Diese Therapie, bestehend aus 37 verschiedenen Blütenessenzen und 1 Essenz aus einem bestimmten Quellwasser, wurde vor ungefähr 60 Jahren von dem englischen Arzt, Bakteriologen und Homöopath Dr. Edward Bach entwickelt. Diese sogenannten Bachblüten sind ein sanftes Heilverfahren und werden auch bei Hunden bei gestörten Seelenzuständen wie Verhaltensstörungen und Schocksituationen erfolgreich eingesetzt.

Prießnitzwickel

Der Naturheilkundler Vinzenz Prießnitz war Anfang des letzten Jahrhunderts der Begründer der modernen Kaltwasserbehandlung und Erfinder der nach ihm benannten Wickel. Er erkannte, daß durch kaltes Wasser die Durchblutung und damit auch Versorgung und Ausscheidungen gefördert werden.
Die Behandlung erfolgt durch Auflage eines kalt-feuchten Leinentuchs auf die betroffene Körperstelle. Darüber wird ein Wolltuch gewickelt. Nach Erwärmung durch die Körperwärme wird der Wickel erneuert.

Kneippsche Anwendungen

Dieses ist eine Behandlungsmethode, die nach Sebastian Kneipp benannt wird, der Ende des vorigen Jahrhunderts durch Wasseranwendungen, Umschläge und Packungen unter Verwendung von Heilkräutern Stoffwechsel- und Kreislauferkrankungen erfolgreich behandelte.

Akupunktur

Akupunktur ist eine über 5 000 Jahre alte, traditionelle chinesische Heilmethode mit einem tiefen philosophischen Hintergrund. Sie basiert auf der Auffassung, daß Energieströme in jedem Organismus in festgelegten Bahnen, den sogenannten Meridianen, fließen. In einem gesunden Körper soll ausgewogene Lebensenergie bestehen.

Ein Mangel oder ein Überfluß dieser Energie bedeutet Krankheit.

Eine Regulierung erfolgt über das Einstechen von Nadeln in bestimmte festgelegte Punkte auf den Meridianen mit entsprechender Wirkung auf zugehörige erkrankte Organe oder auf gestörte Funktionen.

Im alten China wurde Akupunktur bei Tieren bereits praktiziert.

In Europa findet diese Methode heute immer mehr Anhänger.

Akupressur

Die Akupressur ist der Vorläufer der Akupunktur. Es gelten die gleichen Regeln. Jedoch werden die einzelnen Punkte durch Fingerdruck oder Punktmassage beeinflußt.

Eigenblutbehandlung

Die Behandlung mit Eigenblut war in der alten ägyptischen und chinesischen Medizin bereits bekannt.

Hierbei wird aus der Vene entnommenes Blut, eventuell mit Homöopathika kombiniert, in den Muskel injiziert oder nach homöopathischer Aufbereitung in Form von Tropfen eingegeben oder eingerieben.

Das Ziel der Injektionsbehandlung ist, einen lokalen Entzündungsreiz zu bewirken, wodurch die körpereigenen Abwehrstoffe stark angeregt werden. So kann z. B. ein chronischer Prozeß in einen akuten zurückgeführt werden. Die Verabreichung oder Einreibung von Tropfen hat einen sanfteren Verlauf.

Die »Erstverschlimmerung« (Übergang von chronischer in akute Phase) ist jedoch bei dieser Behandlung eine erwünschte Reaktion und leitet die Heilung ein.

Eigenharnbehandlung

Diese Behandlung macht sich die mit dem Harn ausgeschiedenen Eigenhormone und Antikörper zunutze. Der Eigenharn wird aufbereitet und wieder in den Muskel injiziert bzw. wie bei der Eigenblutbehandlung gehandhabt. Frischer Morgenurin kann direkt nach dem Auffangen pur äußerlich eingerieben werden.

Neuraltherapie

Die Neuraltherapie ist eine Therapie über das Nervensystem. Zur Ausschaltung von Streuherden und anderen Störfeldern – d. h. bei Gewebeveränderungen, von denen eine störende Fernwirkung ausgeht, z. B. Narben – werden Neuraltherapeutika oder Homöopathika in bestimmte Punkte injiziert. Auf diese Weise können Störungen an korrespondierenden Organen aufgehoben werden.

Magnetfeldtherapie

Die Grundlage dieser Therapie ist die Annahme, daß jeder lebende Organismus ein elektrisches Potential hat, Energie erzeugt, nach außen abgibt und genauso in einer fließenden Wechselwirkung von außen aufnimmt.
Durch die Umwelt ist jeder Körper fortwährend statischen und dynamischen Einflüssen ausgesetzt. Sofern sie ein Übermaß erzeugen, können sie einen krankmachenden Zustand hervorrufen.

19

Es sind Geräte entwickelt worden, die magnetische Felder erzeugen und im therapeutischen Einsatz den Energiefluß des Körpers wieder in ein gesundes Gleichgewicht bringen können.
Ein Heilvorgang z. B. nach Knochenbruch wird damit gefördert und zum Teil beachtlich beschleunigt.

Bioresonanz-Therapie

Diese biophysikalische Behandlungsmethode mit körpereigenen Schwingungen wurde in den 70er Jahren von Dr. Morell und E. Rasche entwickelt. Das Prinzip beruht auf der Erkenntnis, das jede Zelle in der ihr eigenen Frequenz schwingt und in einen Gesamt-Regulationsprozeß eingefügt ist. Erst wenn dieses System der Selbstregulation gestört wird, entstehen krankmachende Schwingungen. Mit Hilfe leitender Elektroden werden die körpereigenen Frequenzen abgegriffen, in einem Bioresonanz-Gerät modifiziert und als wirksame Therapieschwingung wieder in den Körper zurückgeleitet. Sie gilt als sehr wirksame Therapie bei allen Formen von Allergien, Schmerzzuständen und bei chronischen Erkrankungen.

Verabreichung homöopathischer Arzneien

Bei den Therapievorschlägen von A-Z ist überwiegend die Verabreichung von Tropfen erwähnt, weil diese am schnellsten und sichersten wirken, indem sie sofort von der Mundschleimhaut aufgenommen werden. Die meisten homöopathischen Tropfen sind aus Haltbarkeitsgründen mit Alkohol aufbereitet und werden deshalb von manchen Hunden nur ungern eingenommen. Da fast alle Mittel ebenfalls für Injektionszwecke verwendet werden, sind sie auch in Ampullenform mit Kochsalzlösung erhältlich. Bei sensiblen Hunden kann daher anstelle der Tropfen der Inhalt einer Ampulle in die Lefzentasche gegeben werden.
Eine ebenfalls gebräuchliche Form ist die Eingabe von Tabletten oder Globuli.

Allgemein gilt:	
Tropfen:	dreimal täglich 5 -10 Tropfen in die Lefzentasche
Ampulle:	zwei bis dreimal wöchentlich 1 Amp. à 1 ml
Tabletten:	dreimal täglich 1 Tablette
Globuli:	dreimal täglich 5 Globuli

Die Gaben werden bis zur Besserung verabreicht und danach langsam reduziert (täglich eine Gabe weniger).

21

Bei jeder Behandlung, die länger als vier Wochen dauert, sollte nach Ende der vierten Woche eine Pause von einer Woche eingelegt werden.

Die Therapievorschläge bei akuten Krankheiten haben alle den Hinweis auf häufigere Gaben in kurzen Zeitabständen.

Auch hier gilt: bis zur Besserung – danach reduzieren.

Die häufigen Gaben bedeuten zwar einen erheblichen Zeitaufwand, aber das Resultat der Mühe von wenigen Tagen wird belohnt.

Eingabe flüssiger Medizin: hier mit einem Löffel (möglichst Plastik – kein Metall) verabreicht.
Weitere Möglichkeiten sind: die Tropfenmenge in eine Plastikspritze aufzuziehen und in die Lefzen zu geben oder bei geduldigen Patienten aus der Tropfflasche direkt.

Tabletten lassen sich leicht zerdrücken und können so als Pulver ebenfalls auf die Mundschleimhaut gegeben werden.

Fiebermessen

Die Normaltemperatur liegt bei Hunden zwischen 37,5 und 39° C. Ein Erreichen der Grenzwerte sowohl nach oben als auch nach unten, zusammen mit gleichzeitiger Apathie, ist meistens ein Anzeichen eines krankhaften Geschehens.

Bei tragenden Hündinnen in Geburtsvorbereitung ist vorübergehende Untertemperatur normal.

Man führt ein normales Fieberthermometer, das vorne mit Vaseline bestrichen wird, in den After des Hundes ein, hält es 1-2 Minuten fest und liest dann die Temperatur ab.

Fiebermessen

Impfungen

Zur Vorbeugung und zum Schutz gegen seuchenhafte Infektionskrankheiten gibt es die Möglichkeit der aktiven und der passiven Immunisierung (siehe Infektionskrankheiten).

Wie bereits erwähnt gehören diese Impfungen in den Arbeitsbereich des Tierarztes. In Absprache mit ihm sollten die empfohlenen Grund- bzw. Wiederholungsimpfungen erfolgen.

Der Hund sollte zum Impftermin gesund und wurmfrei sein. Den besten Aufschluß darüber gibt Ihnen eine Kotprobenuntersuchung ungefähr 2 Wochen vorher. Bei positivem Ergebnis bleibt Ihnen dann noch genügend Zeit für eine Wurmkur.

> Verantwortungsbewußte Hundehalter sollten sich auch über Impfrisiken aufklären lassen.
>
> Ein mehrfach regelmäßig geimpfter Hund baut nach meinen Erfahrungen in der Regel in fünf bis sechs Jahren soviel Antikörper auf, daß sich danach eine Wiederholung erübrigt. Abwehrstärkende Maßnahmen der alternativen Medizin sind dann meist die bessere Entscheidung für die Gesunderhaltung des Tieres.

Ausnahmen bilden die Tollwutimpfung in gefährdeten Gebieten und bei Reisen ins Ausland sowie Leptospirose bei Jagdhunden.

Ernährung

Als gesund ist die Ernährung eines Hundes zu bezeichnen, wenn sie in einem ausgewogenen Verhältnis angeboten wird. Da jeder Hund die Nahrung aufgrund seiner individuellen Anlagen unterschiedlich verwertet, gibt es kein Patentrezept.

Was dem einen Hund hervorragend bekommt, wird von einem anderen vielleicht besonders schlecht verdaut. Eine Fütterungsempfehlung ist daher immer als ein Mittelwert zu verstehen. Sicher ist: Hunde sind keine Vegetarier! In diesem ältesten Haustier, das sich unserer Lebensform angepaßt hat, steckt noch eine Menge Urinstinkt.

Eine ausgewogene Mahlzeit sollte im allgemeinen aus $\frac{2}{3}$ Fleisch oder auch Fisch (d. h. Eiweiß- oder Proteinanteil) und $\frac{1}{3}$ Kohlenhydraten bestehen unter Hinzufügung eines geringen Anteils an Fetten, pflanzlichen Stoffen, Vitaminen, Mineralstoffen und Spurenelementen.

Der Anteil der Kohlenhydrate kann beliebig aus Hundeflocken, gekochtem Reis oder Nudeln, auch aus Kartoffeln bestehen. Die pflanzlichen Anteile werden durch Gemüse oder Kräuter beigefügt.

Außerdem sollte dem Hund immer frisches Trinkwasser zugänglich sein. Der Handel bietet eine Vielzahl von Produkten an – neben Flocken auch tiefgefrorene Fleisch- und Fischportionen –, mit denen man für jeden Hund auch ohne großen Aufwand eine individuelle Mahlzeit zubereiten kann. Verzichten Sie dabei jedoch auf Konserven – als Ausnahme gilt vielleicht die Mahlzeit unterwegs.

Zur Gesunderhaltung des Hundes ist eine kurmäßige Zufütterung von Vitaminen, Mineralstoffen und Spurenelementen empfehlenswert. Diese Zusätze sind in Tabletten- und Pulverform überall erhältlich.

Der Vitaminbedarf ist bei jungen Hunden in der Wachstumszeit, bei tragenden Hündinnen, bei alten und bei kranken Hunden auch in der Genesungsphase besonders hoch.

Zu den bekannten Futterergänzungs- Präparaten gehört z. B. Cafortan, von Hunden gern genommene Tabletten, oder Plu-Fortan und Cervico in Pulverform. Dosierungen erfolgen nach kg Körpergewicht (siehe Empfehlung des Herstellers).

Futtermenge

Hierbei sind die handelsüblichen Angaben nach Körpergewicht ein guter Richtwert. Dennoch sollten die individuellen Bedürfnisse des Hundes berücksichtigt werden. Ein guter Futterverwerter wird möglicherweise dick und rund mit einer Menge, die für einen anderen gleicher Größe keinesfalls ausreicht. Wichtig ist, den Hund von Anfang an daran zu gewöhnen, das angebotene Futter nicht länger stehen zu lassen, sondern sofort zu fressen. Eventuelle Reste sollten Sie möglichst bald entsorgen. Damit wird nicht nur die Dosierung kontrolliert, sondern das erste Zeichen eines eventuellen Unwohlseins früh erkannt.

Die optimale Futtermenge ist immer auch abhängig davon, ob der Hund viel oder wenig Auslauf hat, ob er körperliche Arbeit leistet (Jagdhund, Gebrauchshund), ob es sich um einen jungen Hund in der Wachstumsphase, eine tragende Hündin oder einen älteren oder kranken Hund handelt.

Bei den 4 zuletzt genannten empfiehlt es sich, neben einer entsprechenden Diät die übliche Fütterung über den Tag auf mehrere Mahlzeiten zu verteilen.

Die bei den verschiedenen Therapie- und Diätvorschlägen erwähnten Kräuter sollten, grob gehackt oder durch den Fleischwolf gedreht, täglich unter das Futter gemischt werden, je nach Größe des Tieres 1 Eßlöffel bis eine Handvoll.

Die Kräuter frisch beizufügen, ist optimal. Es versteht sich jedoch, daß dies nur von Frühjahr bis Herbst möglich ist, hilfsweise und im Winter kann selbstverständlich auf die getrocknete Form zurückgegriffen werden. Die Firma Gebr. Schaette KG bietet im übrigen Hundeflocken mit Kräuterbeimischungen an.

Nicht jeder Hund akzeptiert eine plötzliche Futterumstellung. Hier bewährt sich immer wieder der alte Trick der allmählichen Umstellung, d. h. man gibt der neuen Diät zunächst einen Teil des gewohnten Lieblingsfutters zu und reduziert dieses jeden Tag. Manchmal gelingt eine Umstellung auch mit einem kleinen Zusatz von aufgelöster Leberwurst.

Diätvorschläge

Die bei den Therapien von A-Z mehrfach erwähnten Empfehlungen auf Futterumstellung bedeuten: **keine Konserven oder Trokkenfertigfutter.**
Folgende Vorschläge für einen Futterplan sollen für verschiedene Erkrankungen als Anregung dienen, z. B. bei:

Allergien:
Fleischanteil: Hammel, Rind, Huhn;
Kohlenhydrate: Reis, Nudeln, Kartoffeln;
Klettenwurzel-, Keimöl oder Sonnenblumenöl;
Brennesseln, Brunnenkresse;
Mineralmischung.

Lebererkrankungen:
Fleischanteil reduzieren;
Fisch bevorzugen;
Fett absolut meiden;
Kräuterbeimischung, wie Löwenzahnblätter, Bärlauchblätter,
Beigabe von Leber-Aminosäuren (Cervico).

Blasen-Nieren-Erkrankungen:
Fleischanteil möglichst durch Fisch und leichter verdauliche Milchprodukte, wie Quark und Joghurt, ersetzen;
Kräuterbeimischung: Brennesseln, Birkenblätter, Waldgoldrute, Petersilie (nur in geringen Mengen).

Schonkost – oder Diät für den alten Hund:
Zu gleichen Teilen Eiweiß – Kohlenhydrate – pflanzliche Kost;
Mineralmischung.

Zur Steigerung der Abwehr: eine Entschlackungskur – kombiniert mit einer Darmsanierung

Trotz Anspruch auf ganzheitliche Behandlung wird bei den meisten Therapien der störungsverursachenden Organe der Darm nur sehr nebensächlich beachtet. Gerade dieser Teil des Verdauungstrakts hat jedoch großen Anteil an der Immunabwehr des gesamten Organismus.

Bei vielen Krankheiten, die einfach nicht in den Griff zu bekommen sind, oder auch nach vorangegangener Behandlung mit Antibiotika und/oder Cortison sollte daher zunächst immer mit einer Darmsanierung begonnen werden. Oft sprechen gezielte Therapien erst danach deutlich an.

Die folgende Empfehlung kann aber durchaus auch als vorbeugende Entschlackung und Abwehrsteigerung etwa im Frühjahr und im Herbst durchgeführt werden.

Die Kur erstreckt sich über 4 Wochen:
Die Gesamtfuttermenge nicht zu reichlich bemessen.
Eiweiß (z. B. Hammelfleisch, Fisch, Quark) und Kohlenhydrate (z. B. Diät-Hundeflocken) im Verhältnis 1:1.
Dazu frisches Gemüse (keine Kohlsorten) und Kräuter (z. B. Bärlauch, Birkenblätter, Brennesseln).

1. und 2. Woche: dreimal täglich 1 Tablette **Derivatio**
ab 3. Woche **zusätzlich** zweimal täglich 1 Teelöffel **Sanasi Granulat** möglichst vor dem Fressen in etwas Wasser auflösen – notfalls über das Futter streuen.

30

Diese Kur kann anfänglich leicht abführend wirken.

Bei infektanfälligen Hunden, Junghunden in der Zahnungsperiode oder auch während und nach einer Infektion empfiehlt sich außerdem die Gabe von dreimal täglich 1 Tablette **Infi-Lymphect**.

Erkrankungen von A bis Z

Abszeß

Ein Abszeß ist in der Regel ein örtlich begrenzter, entzündlicher Prozeß, der sich häufig von dem übrigen Gewebe abkapselt.
Er wird durch eiterbildende Bakterien verursacht.
Die betroffene Stelle ist gerötet, geschwollen und schmerzhaft.
Hierzu kommt örtliche oder auch allgemeine Temperaturerhöhung.

Therapie: Das Ziel ist, Eiter nach außen abzuleiten.
Alle 2 Stunden je 10 Tropfen **Myristica sebifera D3** oder **Hepar Sulfuris D3** bzw. **Mercurius solubilis D6**.
Zusätzlich: gut warme Zinnkrautumschläge oder Leinsamenpackungen oder Heublumensäckchen (so heiß wie möglich) auflegen.
Nach dem Eiteraustritt: dreimal täglich 10 Tropfen **Silicea D12**

Hier noch ein Rezept für eine kräftige **Zugsalbe**, die man selbst herstellen kann: Honig und Preßhefe (aus dem Reformhaus) zu gleichen Teilen gut vermischen, die gleiche Menge feines Weizenmehl unterrühren.
Den Brei auf ein Leinenläppchen auftragen und auf den Abszeß legen; nach Bedarf erneuern.

Afterschließmuskelschwäche

Bei entsprechenden Reflexstörungen des Afterschließmuskels kommt es gelegentlich bei älteren Hunden vor, daß sich der Muskel nicht mehr ganz schließt. Sie verlieren dann ihren Kot teilweise unwillkürlich, bevor sie sich zum »Gassigehen« melden können.

Therapie: dreimal täglich 10 Tropfen **Aloe D12**.

Allergien

Allergien sind überempfindliche Reaktionen auf bestimmte Stoffe. Sie können über die Nahrungsaufnahme, durch Einatmen von Allergenen, durch äußeren Kontakt und gelegentlich auch durch chemische Medikamente ausgelöst werden. Sie sind immer ein Anzeichen für ein geschwächtes Immunsystem.

Meistens zeigen sie sich in Form von Rötungen oder Pusteln auf der Haut (am Bauch und an den Innenschenkeln am ehesten zu erkennen), die meist plötzlich auftreten und häufig Juckreiz verursachen. Auch das Anschwellen der Lefzen kann eine allergische Reaktion sein, die in manchen Fällen mit leichter Temperaturerhöhung und Apathie einhergehen kann.

Therapie: bei Pustelbildung und Anschwellen der Lefzen:
dreimal täglich 10 Tropfen **Apis Homaccord**
Darmsanierung
Futterumstellung siehe Diätvorschläge.

Allergische Reaktionen können die verschiedensten Ursachen haben. Andererseits liegt nicht bei jeder Hautveränderung oder jedem Ekzem eine Allergie vor. Für die weitere Behandlung durch den Tierheilpraktiker sind hier genaue Beobachtungen und ein ausführlicher Bericht des Hundehalters über die Gewohnheiten seines Hundes sehr wichtig.

Nicht selten ist bei angeschwollenen Lefzen eine Allergie auf das Material des Freßnapfes zurückzuführen (Plastik oder Metall).

Analdrüsenentzündung

Die Analdrüsen befinden sich beiderseits des Afters. Sie geben bei Stuhlentleerung ein Sekret ab, das die individuelle Duftmarke des Hundes ausmacht.

Bei überwiegend weicher Ernährung werden diese Drüsen wenig beansprucht. Ihre Ausgänge können sich daher verstopfen. Im weiteren Verlauf kann es zu einer Entzündung kommen.

Zunächst zeigt sich eine Schwellung und Rötung. Der Hund leckt sich häufig und nagt am After oder an der Schwanzwurzel. Ein weiteres Zeichen ist das Rutschen, »Schlittenfahren«.

Therapie: innerlich dreimal täglich 10 Tropfen **Aesculus D3** oder **Traumeel**, äußerlich **Calendulasalbe** und Waschungen mit **Kamillentee**.

Bei stärkerer Entzündung mit Abszeßbildung: dreimal täglich 10 Tropfen **Hepar sulfuris D3** und einmal täglich 10 Tropfen **Echinacea D30**.

Nach Eiterentleerung zur Abheilung: einmal täglich 10 Tropfen **Silicea D30**.

Um derartige Entzündungen zu vermeiden, sollten die Analdrüsen regelmäßig ausgedrückt werden.

Augenbindehautentzündung

Verursacht wird sie durch Fremdkörper, Erkältung (Zugluft), manchmal auch durch vermehrte Follikelbildung (kleine Bläschen) an der Innenseite der Nickhaut.

Die Bindehautentzündung zeigt sich durch starken Tränenfluß, Rötung und eitrige Absonderungen.

Therapie: **Euphrasia-Augentropfen** oder **Mucokehl-Augentropfen** mehrmals täglich 1 Tropfen in jedes Auge bis zum Abklingen.

Eiterabsonderungen, die trotz empfohlener Behandlung nicht abklingen, sind für den Tierheilpraktiker Hinweise auf andere Organerkrankungen.

Falls Follikel an der Nickhaut die Ursache sind, sollten diese durch einen kleinen operativen Eingriff vom Tierarzt entfernt werden. Die oben empfohlenen Tropfen fördern danach eine schnelle Heilung.

Eingabe von Augentropfen

Bandscheibenvorfall (Dackellähme)

Hierbei handelt es sich eigentlich um einen Vorfall des Bandscheibenkerns, einer gallertartigen Masse, die von Gewebefasern, dem Bandscheibenring, umgeben ist. Bei außergewöhnlicher Belastung der Wirbelsäule oder auch durch krankhafte Bindegewebsveränderungen kann dieser Faserring zerreißen. Der Kern quillt hervor und drückt auf das Rückenmark bzw. auf abgehende Nerven. Je nach Intensität des Drucks kann es von leichten Lähmungserscheinungen bis zur völligen Lähmung kommen.

Ein solcher Vorfall betrifft weniger häufig die Brustwirbel. Er tritt meistens im Bereich der Hals- und Lendenwirbel auf.

In der Regel hat der Hund zunächst heftige Schmerzen, Hals-, Rücken- und Bauchmuskulatur sind verspannt, er weigert sich weiterzulaufen, will keine Treppen mehr steigen, bleibt zitternd an seinem Platz liegen.

In schwereren Fällen kann es zur völligen Schmerzunempfindlichkeit bis in die Zehen kommen. Der Hund schleift dann sein Hinterteil hinter sich her. Eine solche Lähmung kann sich auch auf den Mastdarm und die Blase auswirken, so daß beide nicht mehr arbeiten. Verstopfung und Harnverhalten treten auf, oder aber das Tier entleert sich unkontrolliert.

Therapie: Alle 2 Stunden je 10 Tropfen **Nux vomica D6** und **Plumbum metallicum D6**
sowie täglich 1 Tablette **Vitamin B12**
Wärme, z. B. Rotlicht.
Dafür sorgen, daß Darm und Blase mindestens einmal täglich entleert werden (Darm: siehe Verstopfung, Blase durch kreisendes Massieren des Bauches).
Hinterhandmuskeln mit Johanniskrautöl massieren.

39

Die Behandlung eines solchen Vorfalls erfordert viel Geduld. Je eher und intensiver sie begonnen wird, desto schneller tritt der Erfolg ein. Dem Tierheilpraktiker stehen neben der erwähnten Therapie noch Injektionsbehandlungsmethoden zur Verfügung, die besonders bei schweren Lähmungen als Sofortbehandlung zu empfehlen sind.

Bandscheibenvorfälle können bei allen Hunderassen vorkommen. Nach neueren wissenschaftlichen Erkenntnissen nimmt man an, daß die Häufigkeit der Vorfälle beim Dackel nicht hauptsächlich auf die Struktur des langen Rückens zurückzuführen ist, sondern auf die spezifische Erbanlage einer Bindegewebsschwäche. Um dem gelähmten Hund ein wenig Bewegungsmöglichkeit zu geben, empfiehlt es sich, sein Hinterteil mit einem Haltegurt zu stützen, den Sie sich selbst herstellen können (siehe Abbildung). Auf diese Weise kann er sich draußen entleeren, und nach den ersten Zeichen der Besserung hat er eine hervorragende Laufstütze. Die Massage der Oberschenkelmuskel (mehrmals täglich 5-10 Minuten) verhindert deren Rückbildung.

Wenn die Möglichkeit besteht, sind kurze Schwimmübungen mit entsprechender Unterstützung gut therapeutisch einzusetzen.

Akupressur:
Die Wirbelsäule wird beidseitig abgetastet, um verkrampfte oder berührungsempfindliche Stellen zu suchen. Diese dann mehrere Minuten lang und mehrmals am Tag leicht und allmählich stärker werdend massieren.

Mit einem Haltegurt kann das Hinterteil gestützt werden

Ohne große Mühe läßt sich ein solcher Gurt z. B. aus alten Jeans herstellen. Für kleine bis mittelgroße Hunde genügen zwei quer zum Hosenbein geschnittene Streifen, die als Schlaufe beiden Hinterläufen übergezogen und mit einem Steg über die Lendenpartie miteinander verbunden werden. Ein weiterer Streifen wird dann wie der Henkel einer Tragetasche an die Verbindungspunkte angenäht.

Anwendung eines Haltegurts

Eine siebenjährige Zwergdackelhündin konnte sich nach einem Sprung vom Sofa plötzlich nicht mehr fortbewegen. Sie war zwischenzeitlich einem Tierarzt vorgestellt worden, der Bandscheibenvorfall diagnostiziert hatte, aber außer einer Injektion von Vitamin B nur empfohlen hatte abzuwarten, wie sich die Hündin weiter entwickeln würde.

Zwei Tage danach kam sie zu mir in die Behandlung. Die Hündin hatte kein Gefühl in den Hinterläufen, reagierte jedoch druckempfindlich im Bereich der ersten Lendenwirbel. Außerdem litt sie an Verstopfung. Die Bauchmuskulatur war stark verspannt. Die Blase funktionierte normal.

Sie erhielt eine Gabe Nux vomica und einen Teelöffel Speiseöl. Außerdem injizierte ich Acidum formicicum in mehreren kleinen Quaddeln um die druckempfindliche Stelle herum.

Den Besitzern empfahl ich, die Gaben von Nux vomica mehrmals täglich zu wiederholen sowie Vitamin B12 zu geben und die Hündin möglichst mit Rotlichtwärme zu versorgen.

Während der Stuhlgang noch am gleichen Tag wieder in Gang kam, erfuhr ich, daß die ersten Aufstehversuche einige Tage später gemacht wurden. Durch Transportprobleme der Hundebesitzer sah ich diese Hündin erst nach 3 Wochen wieder. Die Medikamente waren weiter gegeben worden. Zu dem Zeitpunkt war noch eine leichte Gehbehinderung zu bemerken, d. h. der Gang war etwas steif und unsicher, aber sie kam ohne fremde Unterstützung bestens zurecht.

Ein ähnlicher Fall, den ich allerdings erst 10 Tage nach dem eigentlichen Vorfall behandeln konnte – hier handelte es sich außerdem um einen stark übergewichtigen Hund –, hat bis zum selbständigen Laufen fast 3 Monate gebraucht.

Bauchspeicheldrüsenerkrankung

Neben dem häufig erwähnten lebensnotwendigen Insulin (inkretorisch – siehe unter Diabetes) erzeugt die Bauchspeicheldrüse exkretorisch Verdauungsfermente (Bauchspeichel), die für die Aufspaltung der Nahrungs-Eiweiße, Kohlenhydrate und Fette von Bedeutung sind. Eine Beeinträchtigung dieser Produktion verursacht starke bis stärkste Beschwerden. Sie entsteht häufig nach anhaltender Überernährung.

Der Appetit des Hundes ist unregelmäßig, trotz zeitweiliger Freßlust magert er ab. Erbrechen wechselt mit Durchfall. Blähungen treten auf, der Bauch ist gespannt. Der Kot kann unverdaute Fettanteile und Blut enthalten und ist bei gleichem Futter unterschiedlich gefärbt.
Eine genaue Diagnose kann nur durch eine Laboruntersuchung erfolgen.

Therapie: dreimal täglich 1 Tablette **Pankreas S Hanosan**
Schonkost – siehe Diät, 1 Teelöffel Bockshornklee untermischen.

Blasenentzündung

Blasenentzündungen können durch Unterkühlung auftreten, aber auch ohne andere Erkältungserscheinungen durch das Eindringen von Bakterien von außen oder über den Blutweg. Die Blasenwände werden gereizt und lösen gesteigerten Harndrang aus.
Der Hund versucht häufig mit mehr oder weniger Erfolg, Harn abzusetzen, der manchmal auch Blut enthalten kann.

Therapie: zweimal täglich 5 Tropfen **Notakehl D5** und sechsmal täglich 10 Tropfen **Terebinthina D3**.
Falls Blut beigemischt ist, zusätzlich dreimal täglich 10 Tropfen **Hamamelis D2**.
oder: stündlich 10 Tropfen bzw. 1 Tablette **Traumeel**
zusätzlich:
dreimal täglich **Goldrutenkrauttee**, Hirtentäschelaufguß oder eine fertige Mischung Blasen- und Nierentee.

Blasengrieß / Blasensteine

Sie bilden sich durch Ablagerungen von Salzkristallen in der Blase oder in den Nieren und gelangen über den Harnleiter in die Blase. Die Blasenwand kann durch die Steine verletzt werden, blutet und entzündet sich.

Das Krankheitsbild ist ähnlich dem der Blasenentzündung.

Blasengrieß oder -steine treten selten bei jungen Hunden auf, meistens erst ab dem 4. Lebensjahr.

Die Krankheit verläuft zunächst schmerzlos. Erst wenn ein Stein die Blasenöffnung blockiert, treten Schmerzen beim Harnabsatz auf.

Bei Rüden besteht eher eine Gefahr des Blockierens durch einen Stein als bei Hündinnen, da deren Harnröhre am Penisknochen eine Verengung aufweist.

Eine genaue Diagnose sollte durch eine Röntgenaufnahme erfolgen.

Therapie: bei ersten Anzeichen auf Blasengrieß
einmal täglich 10 Tropfen **Lycopodium D30** sowie
dreimal täglich 10 Tropfen **Berberis D3**
bei Hündinnen kann anstelle von Berberis auch **Cantharis D5** verwendet werden.
- Diät einhalten

Es gibt genetisch- bzw. rassebedingt unterschiedliches Vorkommen von Steinbildung. In vielen Fällen liegen jedoch Ernährungsfehler vor. Durch eine Laboruntersuchung muß abgeklärt werden, welche Zusammensetzung die Steine haben, damit durch eine gezielte Diät eine Neubildung verhindert werden kann.

Ist es bereits zu einem Verschluß gekommen, muß vom Tierarzt umgehend ein operativer Eingriff vorgenommen werden.

Blasenmuskelschwäche

Die Blasenentleerung erfolgt durch einen Reflex über das Rückenmark im Bereich der Lenden. Der Schließmuskel erschlafft ganz oder teilweise, wenn dieser Reflex gestört ist. Ursachen können z. B. Unfall, Bandscheibenvorfall nach Operationen oder Rückenmarkserkrankung sein. Der Hund verliert seinen Harn unkontrolliert. Er tropft ständig.

Therapie: dreimal täglich 10 Tropfen **Hyoscyamus D6** oder **Petroselinum D6**. Beim älteren Hund, der seinen Harn manchmal auch während des Schlafs verliert, dreimal täglich 10 Tropfen **Causticum D4**.
1 bis 3 Eßlöffel grobgehackte Bärentraubenblätter oder Spitzwegerich unters Futter mischen.

Die beschriebenen Symptome treten nicht selten kurz nach Sterilisationen bei Hündinnen auf. Betroffen sind überwiegend mittlere und große Rassen.

*Eine 10jährige Bernhardinerhündin war nach einer Gebärmutter-
operation plötzlich nicht mehr stubenrein. Die Besitzer berichteten,
daß sie an ihrem jeweiligen Liegeplatz meistens im Schlaf unkontrolliert Harn verlor. Auch sonst sei sie immer häufiger »undicht«,
tröpfelte ständig und zeigte außerdem deutliche Schwächen in den
Hinterläufen beim Aufstehen und auch in der Fortbewegung. Mein
Therapievorschlag war Causticum D6. Schon wenige Tage, nachdem die dreimal täglichen Tropfen verabreicht wurden, zeigte sich
eine deutliche Besserung. Die Behandlung erfolgte 3 Wochen lang.
Wie ich hörte, war sie zu dem Zeitpunkt ohne Beschwerden. Die
Lahmheit war zurückgegangen, und sie war insgesamt wieder etwas
munterer. 3 Monate später allerdings trat das Tröpfeln wieder leicht
auf, so daß erneut Causticum, jetzt in der D4, gegeben wurde bis zur
Besserung. Die Hündin erhielt dieses Mittel mit Unterbrechungen,
d. h. immer, wenn wieder leichte Anzeichen auftraten, bis zu dem
Tag, als sie fast 13jährig ruhig einschlief.*

Blutohr

Das sogenannte Blutohr ist ein Bluterguß an der äußeren Ohrmuschel, der meistens als Folge von Beißereien, Schlägen oder anderen Verletzungen am Ohr auftritt, manchmal auch als Folge einer Gehörgangsentzündung, wenn der Hund wegen dieser Erkrankung vermehrt den Kopf schüttelt und dabei mit den Ohren an Gegenstände schlägt. Ein großer Teil der Ohrmuschel füllt sich allmählich mit Blut, bis sie wie eine prallgefüllte Blase aussieht.

Therapie: Anfänglich alle 15 Minuten je 10 Tropfen **Arnica D6**, **Hamamelis D3** und **Bellis perennis D2**. Nach Besserung bis auf dreimal täglich 10 Tropfen reduzieren. Äußerlich: **Mucokehl D3 Salbe** oder **Traumeelsalbe** dick auftragen.

Bemerkung: In der Regel bildet sich bei sofortiger Behandlung der Bluterguß zurück, d. h. Besserung sollte nach 3 Tagen eintreten, und nach bis zu 10 Tagen sollte der Erguß größtenteils abgeheilt sein. Falls bei späterem Einsatz der Mittel eine Rückbildung nicht erfolgt, wird ein operativer Schnitt nicht zu umgehen sein.

Bronchitis

Bronchitis ist eine Entzündung der Bronchial-Schleimhaut. Sie wird meistens durch eine Erkältung ausgelöst. Der Hund hat keinen Appetit und Fieber, eventuell auch Atembeschwerden. Anfänglich äußert sich die Entzündung durch trockenen Husten. Im Verlauf der Heilphase wird dann gelblicher bis grüner Schleim abgehustet. Der Höhepunkt des Fieberanfalls ist in der Regel abends.

Therapie: zweimal täglich 5 Tropfen **Notakehl D5** und **Quentakehl D5**, danach drei- bis fünfmal täglich 10 Tropfen **Ipecacuanha D6**.
Zusätzlich: feuchte Halswickel (siehe Skizze) und als Futterzusatz: 1-3 Eßlöffel Mischung aus grobgehacktem Huflattich, Spitzwegerich, Sonnentau und Thymian.

Halswickel

Die Raumluft sollte nicht zu trocken sein. In geheizten Räumen ein mit Heublumenabsud getränktes Tuch auf die Heizung legen.

Weniger geeignet sind stark reizende ätherische Öle, die aus »menschlicher Sicht« zwar die Bronchien beruhigen, beim Hund jedoch sein hochsensibles Riechorgan irritieren können.

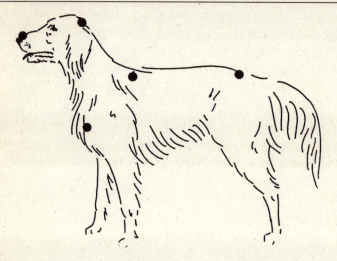

Akupressurpunkte bei Bronchitis

Akupressur

Punkte mehrmals täglich längere Zeit mit Druck massieren:

1. Mitte Nasenschwamm, am Übergang zur Behaarung;
2. Mitte Hinterhauptbein;
3. höchster Punkt der Schulterblätter (beidseitig);
4. Dornfortsatz des letzten Lendenwirbels – am Kreuzbein;
5. oberhalb des Brustbeins.

Darmkatarrh

Eine Entzündung der Darmschleimhaut bei gestörter Darmflora wird meistens hervorgerufen durch Ernährungsfehler, Infektionen, Parasiten und Chemikalien (Arzneien). Sie kann erhebliche Störungen verursachen. Der Hund hat breiigen bis wäßrigen Durchfall, der auch mit Blut vermischt sein kann, im weiteren Verlauf treten auch Blähungen und Krämpfe auf. Im akuten Fall kann zusätzlich Erbrechen auftreten.

Therapie: alle 15 Minuten 5 Tropfen **Okoubasan D2**
und ein- bis dreimal täglich 5 Tropfen **Fortakehl D5**
Zusätzlich: Tausendgüldenkrautee oder schwarzer Tee, 1 Teelöffel Heilerde.

Es versteht sich von selbst, daß dem Hund 24 Stunden kein Futter angeboten wird. Durch den Flüssigkeitsverlust wird er viel trinken wollen.

Nach Abklingen der Symptome sollte eine Darmsanierung erfolgen (siehe Seite 30).

Diabetes (siehe auch Bauchspeicheldrüse)

Bei Diabetes unterscheidet man zwei Formen:

1. Diabetes mellitus

Diese Form des Diabetes entsteht infolge mangelhafter oder fehlender Insulinproduktion (inkretorischer Vorgang der Bauchspeicheldrüse), wodurch Zucker nicht verwertet, d. h. nicht als notwendige Energie in die Zellen aufgenommen werden kann, sondern über den Urin ausgeschieden wird. Großer Durst und anhaltender Juckreiz sind mögliche Hinweise. Diese Erkrankung kommt überwiegend beim älteren Hund vor und sollte dem Tierarzt vorgestellt werden, da in schwereren Fällen eine Insulineinstellung ähnlich der beim Menschen erforderlich ist.

Therapie: für leichtere Fälle und als Begleitung:
dreimal täglich 10 Tropfen **Syzygium Compositum**
Futterumstellung.

2. Diabetes insipidus (auch Wasserharnruhr genannt)

Hierbei handelt es sich nicht um eine Erkrankung der Bauchspeicheldrüse, sondern um eine Hormonstörung der Hirnanhangdrüse (zentraler diabetes insipidus) oder um Nierenfunktionsstörungen (renaler diabetes insipidus). Der Hund hat außergewöhnlich großen Durst – er trinkt alles, was erreichbar ist – und setzt entsprechend große Harnmengen ab. Er ist zeitweise appetitlos, magert ab, sein Haarkleid ist schlecht. Abhängig von der Ursache kann eine Therapie erst nach genauer Diagnosestellung empfohlen werden.

Ektropium/Entropium

Ektropium ist das sogenannte offene Auge, bei dem der untere Lidrand nicht direkt am Augapfel anliegt. Bei einer Reihe von Hunderassen ist dies ein Rassemerkmal und nicht als Krankheit zu bezeichnen, z. B. bei Bassets, Bernhardinern, Bluthunden und Boxern. Dadurch sind Entzündungen der Bindehaut begünstigt.

Therapie: regelmäßig **Euphrasia-Augentropfen** oder **Mucokehl-Augentropfen** (siehe Augenbindehautentzündung).

Entropium ist die Einstülpung des unteren Lidrandes. Dadurch kommt es zu einer ständigen Reibung der Wimpernhaare. Entzündungen und Geschwürbildung sind die Folge. Bei den meisten Hunden ist dies ein angeborener Defekt. Da Erblindungsgefahr besteht, ist zu baldiger Operation zu raten.

Therapie: zur Wundschmerzlinderung und schnellen Abheilung mehrmals täglich **Euphrasia-Augentropfen** oder **Mucokehl-Augentropfen**.

55

Ekzeme

Ekzeme sind in der Regel nichtansteckende Hautentzündungen oder Hautveränderungen, die starken Juckreiz auslösen. Sie treten trocken oder nässend auf und sind oft ein Zeichen für Organerkrankungen. Während bei trockenen Ekzemen häufig eine Leberstörung vorliegt, deutet ein nässendes auf eine schwache Nierenfunktion hin. Weitere Ursachen können Darm- und Hormonstörungen sein sowie Infektionskrankheiten und Allergien.

Therapie: Zur Umstimmung des gesamten Stoffwechsels als erstes die Entschlackungskur (siehe Seite 30). Häufig verschwinden die schlimmsten Beschwerden bereits bei dieser Behandlung.

Innerlich bei nässendem Ekzem:

einmal täglich 10 Tropfen **Psorinum D30** und dreimal täglich 10 Tropfen **Mercurius solubilis D6**;

bei trockenem Ekzem:

dreimal täglich je 10 Tropfen **Arsenicum album D6** und **Natrium muriaticum D12** im Wechsel.

Äußerlich zur Heilung und zur Linderung des Juckreizes: **Aloe-Vera-Gel, Calendula-Oel 335** (Nestmann) oder **Klettenwurzelöl** oder **Johanniskrautöl**. Umschlag mit **Eichenrinde** oder Packung mit **Stiefmütterchentee**.

Frischen Urin auftragen.

Futterumstellung.

Akupressur (siehe Skizze).

Lefzenekzem

Diese Art des Ekzems mit übelriechenden Absonderungen tritt meistens in den Hautfalten des Unterkiefers auf und kann bei verzögerter Behandlung zu Geschwürbildung führen.

Therapie: Innerlich: dreimal täglich je 10 Tropfen **Sulfur D6** und **Hepar Sulfuris D6** im Wechsel; nach Abklingen dreimal täglich 10 Tropfen **Silicea D6**.
Äußerlich: mit **Calendulatinktur** auswaschen oder frischen Urin auftragen.
Futterumstellung.

Akupressur

Punkte (siehe Zeichung auf der folgenden Seite) nacheinander mehrmals täglich eine Zeitlang massieren – sowohl an der linken als auch an der rechten Körperseite:

1. in der Mitte und an der höchstgelegenen Stelle der Schulterblätter;
2. seitlich des Ellenbogens;
3. Kniekehlenmitte.

Akupunkturpunkte bei Ekzemen

Bemerkung: Bei besonders hartnäckigen Ekzemen sollte auch an eine während einer Auslandsreise erworbene Infektion gedacht werden (siehe Seite 77 ff.).

58

Im Herbst 1984 kam Frau L. mit ihrer 7jährigen Pudelhündin in meine Praxis und erzählte mir, daß sie inzwischen schon 4 Jahre mit ihrer Hündin bei verschiedenen Tierärzten in Behandlung gewesen sei und das Ekzem, unter dem das Tier litt, nicht geheilt werden konnte. Die jeweiligen Behandlungen mit Cortison hatten zwar jedesmal kurzfristig zu einer Besserung geführt, aber das Ekzem war danach immer wieder aufgetreten. Die Hündin litt unter starkem Juckreiz, kratzte sich ununterbrochen und biß sich teilweise blutig. Es handelte sich um ein trockenes Ekzem – für mich ein Hinweis, daß möglicherweise eine Leberstörung vorlag. Meine Therapie bestand aus zweimal wöchentlichen Injektionen, die den Körper zunächst entgiften sollten, um danach Haut- und Leberfunktion zu unterstützen. Gleichzeitig erhielt die Hündin Bestrahlungen mit Unisol-Heilsonne. Der Besitzerin empfahl ich, das Futter umzustellen und dreimal täglich Sulfur einzugeben. Die erste Besserung trat nach etwa 4 Wochen ein. Nach 6 Wochen war das Ekzem ausgeheilt, die Haare wuchsen nach. Auch insgesamt war das Haarkleid besser geworden. Bis heute ist das Ekzem nicht wieder aufgetreten.

(W. Bresslein)

Epilepsie

Da diese Krankheit meistens nicht angeboren ist, spricht man eher von epilepsieähnlichen Krämpfen. Nervöse Störungen aller Art, z. B. Schmerz, Schock, Aufregung, Gehirnhautentzündung, auch Impfschäden oder Tumore, können Krampfanfälle auslösen.

Der Hund wirkt zunächst unruhig, fällt plötzlich zur Seite, Zuckungen schütteln den ganzen Körper, die Kiefer schlagen aufeinander, Schaum tritt aus dem Fang, der Blick ist starr, die Pupillen sind geweitet, er nimmt seine Umgebung nicht mehr wahr, Blase und Darm entleeren sich. Der Anfall dauert meistens nur wenige Minuten. Danach erholt sich das Tier recht schnell. Häufige Wiederholungen dieser Krämpfe, die meistens in unregelmäßigen Abständen auftreten, können lebensbedrohend sein.

Therapie: Bei Erstanfall: **Bachblüten Notfalltropfen** sowie alle 10 Minuten 10 Tropfen **Belladonna D6** und 1 Tablette **Magnesium phosphoricum D6** (aufgelöst).

Danach einmal täglich je 10 Tropfen **Cuprum D30** und **Oenanthe D30** im Wechsel

oder: einmal täglich je 10 Tropfen **Cuprum D30** und **Stramonium D30** im Wechsel. Um neuen Anfällen vorzubeugen: dreimal täglich 5 Tropfen **Camphora D1** in etwas Wasser verdünnen.

Wegen der Vielzahl an möglichen Ursachen ist eine individuelle Diagnose Voraussetzung für eine gezielte Therapie.

Anfang Februar 1984 meldete sich am späten Abend ein aufgeregter Hundebesitzer bei mir, der bei seinem Hund eine Herzerkrankung vermutete und um sofortige Behandlung bat. Die Untersuchung ergab jedoch keinerlei Hinweis auf eine Herzstörung, und auch sonst befand sich das Tier, ein 4jähriger Boxerrüde, in einem guten Allgemeinzustand.

Noch während ich mit dem Besitzer über die Symptome sprach, die ihn beunruhigt hatten, begann sein Hund plötzlich, unkontrolliert mit dem Kopf zu schütteln, er taumelte und brach dann zusammen. Sein ganzer Körper vibrierte unter Zuckungen. Er hatte einen starren Blick, die Pupillen waren erweitert, er nahm seine Umgebung nicht mehr wahr. Alles wies eindeutig auf einen epileptischen Anfall hin. Als Sofortmaßnahme erhielt er 10 Tropfen Belladonna D6 auf die Lefzen. Er erholte sich sehr schnell. Anschließend verabreichte ich noch eine Injektion Crotalus-Reintoxin, die in den darauffolgenden 4 Wochen wiederholt wurde. Zur täglichen Behandlung zu Hause empfahl ich dem Besitzer, Cuprum D30 und Stramonium D30 einmal täglich im Wechsel zu geben, und zwar über einen längeren Zeitraum. Ein halbes Jahr später informierte mich der Besitzer, daß bisher kein weiterer Anfall aufgetreten sei. Im Frühjahr 1985 sah ich meinen Patienten wieder, weil er sich eine leichte Verletzung zugezogen hatte. Zu meiner großen Freude hörte ich, daß er beschwerdefrei sei und sich die Anfälle bis heute nicht wiederholt hätten.

(W. Bresslein)

61

Fettsucht

In den meisten Fällen ist Überfütterung die Ursache für Fettsucht, d. h. es entsteht ein Mißverhältnis zwischen reichlicher Nahrung und mangelnder Bewegung, wodurch auch die gesamte Herz-Kreislauf-Tätigkeit in Mitleidenschaft gezogen wird. Fettsucht kann auch durch Drüsenfehlfunktion entstehen.
Bei Hündinnen beobachtet man dies manchmal nach einer Totaloperation.

Therapie: dreimal täglich je 10 Tropfen **Aristolochia Clematitis D12** und **Thuja D3** im Wechsel.
Futtermenge allmählich reduzieren und angepaßt dosieren, Füllstoffe (wie z. B. Weizenkleie) beimengen.
Viel Bewegung.

Gebärmutterentzündung

Die Ursache für eine solche Entzündung sind von außen oder über die Blutbahn eindringende Bakterien. Man unterscheidet die geschlossene und die offene Gebärmutterentzündung. Bei ersterer staut sich Eiter in beiden Gebärmutterhörnern und tritt nur tropfenweise aus oder bleibt sogar zunächst unbemerkt, weil die Hündin sich sauber hält. Bei der offenen Entzündung zeigt sich gelblicher bis schokoladenfarbiger, streng riechender Ausfluß, der auch mit Blut vermischt sein kann. Der Bauchumfang ist deutlich vergrößert. Es zeigen sich vermehrter Durst, Appetitlosigkeit und meistens auch erhöhte Temperatur.

Therapie: Sofern die Hündin noch nicht geschwächt und apatisch ist:
in den ersten 3 Tagen jede Stunde je 10 Tropfen **Pulsatilla D4** und **Lachesis D8** im Wechsel geben, danach sechsmal täglich und mit dem weiteren Verlauf langsam reduzieren.
Gesamtbehandlung über 10 Tage.

Die Gebärmutter entleert sich mit anfänglich **enormem** Eiterfluß.
Als Nachbehandlung empfiehlt sich dreimal täglich 10 Tropfen **Sabina D8**. Auf äußerste Hygiene achten! Entzündungen dieser Art können auch nach einem erfolglosen Deckakt auftreten. Anzeichen dafür zeigen sich meistens in der Zeit des erwarteten Wurftermins – also etwa 8 bis 9 Wochen danach. Auch nach Hormonbehandlungen, der sogenannten Antihitzespritze, kommt es häufig zum Auftreten einer solchen Infektion.

Eine dreieinhalbjährige Bassethündin wurde mir vorgestellt mit An-
zeichen auf eine Gebärmutterentzündung. Die Besitzerin berichtete,
die Hündin sei etwas appetitlos und trinke viel. Bei meiner Untersu-
chung stellte ich leicht erhöhte Temperatur und Ausfluß aus der Schei-
de fest. Das Allgemeinbefinden erschien gut. Bei meinem Hinweis
auf den übermäßigen Bauchumfang erhielt ich die Erklärung, man
habe bisher geglaubt, die Hündin sei tragend, weil sie vor etwa 8 Wo-
chen gedeckt worden sei und sie eigentlich in diesen Tagen werfen
sollte. Wegen zu großer Entfernung konnte ich diese Hündin nur die-
ses eine Mal mit je einer Injektion Lachesis und Pulsatilla behan-
deln. Die weitere Behandlung erfolgte durch die Besitzerin mit Pul-
satilla D4. Ich erhielt in Abständen von einigen Tagen jeweils Bericht.
Zunächst entwickelte sich ein Eitererguß, der im Verhältnis zur Größe
der Hündin kaum vorstellbar war und nach 4 Tagen allmählich zu-
rückging. Die Verabreichung Pulsatilla D4 erfolgte über 10 Tage,
zuletzt auf einmal am Tag reduziert. Anschließend einige Tage Sa-
bina D8. Während der gesamten Zeit war zwar der enorme Ausfluß
eine Belästigung, aber das Allgemeinbefinden der Hündin blieb gut.
Fast 4 Monate später wurde diese Hündin läufig und noch einmal
gedeckt. 60 Tage danach brachte sie einen gesunden Wurf von 11 Wel-
pen ohne Komplikationen zur Welt.

Gehirnerschütterung

Unfälle sind die häufigste Ursache für Gehirnerschütterungen. Es kann zu Bewußtlosigkeit von mehr oder weniger langer Dauer kommen, dazu Erbrechen, in ernsten Fällen auch zu Krämpfen.

Therapie: absolute Ruhe – Körper warm halten. Alle 15 Minuten je 10 Tropfen **Arnica D6** und **Hypericum D6** im Wechsel bis zur Besserung.
Bei länger anhaltender Bewußtlosigkeit den Tierarzt aufsuchen!

Gelbsucht

Gelbsucht kann bei Blut- und Lebererkrankungen, infolge von Infektionen und Vergiftungen sowie durch chemische Medikamente auftreten. U. a. durch Schädigung von Leberzellen gelangen Gallenfarbstoffe ins Blut und verursachen die typische Gelbfärbung der Haut, der Schleimhäute und der Bindehaut. Zuerst erkennbar an der Gelbfärbung der Augäpfel und der Mundschleimhaut. Der Hund ist apathisch, appetitlos und hat grauen Durchfall. Der Urin ist dunkel.

Therapie: alle Stunde je 10 Tropfen **Chelidonium D4** und **Natrium Sulfuricum D6** im Wechsel bis zur Besserung oder jede Stunde 10 Tropfen **Lycopodium D6**.
Bei wiederkehrendem Appetit: Futterzusatz: 1 bis 3 Eßlöffel Mischung aus grobgehacktem Löwenzahn, Wegwartwurzel, Artischockenkraut, Bärlapp.

> Bei derartigen Erkrankungen sind stets auch die Nieren in Mitleidenschaft gezogen; daher ist begleitende Unterstüzung empfohlen (siehe Seite 98).

Gelenkentzündung / Arthritis

Die akute Form der Gelenkentzündung kann entstehen durch Überanstrengung, äußere Einwirkung wie Stoß oder Schlag und durch Infektionen. Betroffen sind meist ein oder mehrere Gelenke der Vorder- und Hinterläufe. Der Hund tritt zunächst sehr vorsichtig auf und schont das betroffene Gelenk deutlich. Im schwereren Fall lahmt er und jault gelegentlich vor Schmerzen auf. Das betroffene Gelenk ist geschwollen und heiß. Es kann auch Fieber auftreten.

Therapie: Infi-Symphytum
dreimal täglich 10 Tropfen in etwas Wasser oder dreimal täglich je 10 Tropfen **Belladonna D6** und **Bryonia D6** im Wechsel.
Es gibt Fälle, in denen sich bei Bewegung eine Besserung zeigt. Diese sollten anstelle Bryonia einmal täglich **Rhus toxicodendron D30** erhalten.
Äußerlich: abhängig vom Grad der Erkrankung ein- bis mehrmals täglich Umschläge mit **Kytta Plasma** oder selbst hergestellte Umschläge aus Beinwellblättern die dicke mittlere Blattrippe mit dem Nudelholz flach rollen.
Futterzusatz: mehrere große Blätter fein geschnittenes Beinwell.

Gesäugeentzündung

Diese Entzündung kann bei unbemerkt kleinen Verletzungen durch das Eindringen von Bakterien verursacht werden, wie z. B. durch die spitzen Krallen beim Milchtritt der säugenden Welpen oder bei Milchstau infolge zu frühem Absetzen oder Zufüttern der Welpen. Eine oder mehrere Zitzen sind stark gerötet, geschwollen und sehr schmerzhaft. Im weiteren Verlauf kann die Hündin auch Fieber entwickeln, apathisch und appetitlos wirken. Bei Saugwelpen verläßt sie die Wurfkiste.

Therapie: alle Stunde je 10 Tropfen **Belladonna D4** und **Apis D3** im Wechsel; oder
dreimal täglich je 10 Tropfen **Phytolacca D6**.
Zusätzlich: mehrfach Kompressen mit Eiswasser, Quark oder Kühlbehälter aus der Campingtasche auflegen.
Der Milchüberschuß kann reguliert werden durch dreimal täglich 10 Tropfen **Urtica Urens D6** oder **Phytolacca D1**.

Sollte sich die Entzündung zu einer eitrigen Geschwulst entwickeln, siehe bei Abszeß.

Geschlechtstrieb (übermäßiger)

Ein übermäßiger Geschlechtstrieb wird häufig bei Rüden beobachtet, in deren Revier viele »unerreichbare« Hündinnen wohnen. Der Läufigkeitsgeruch weckt den natürlichen Instinkt, der abreagiert werden muß. Dies geschieht dann oft zu Hause an Kissen oder ähnlichen Gegenständen – manchmal auch an den Beinen von Besuchern.

Therapie: dreimal täglich 10 Tropfen **Origanum D6** und einmal wöchentlich 10 Tropfen **Platinum D200**.
Falls der Rüde Tag und Nacht heult, wirken beruhigend:
vier- bis sechsmal täglich 10 Tropfen **Agnus castus D6**.

Bei Hündinnen zeigt sich ein übermäßig ausgeprägter Geschlechtstrieb seltener. Reaktionen dieser Art können jedoch an deckbereiten Tagen auftreten oder wenn sie mit einer anderen deckbereiten Hündin zusammentrifft.

Therapie: einmal täglich 10 Tropfen **Staphisagria D30**

> Hündinnen mit diesen Erscheinungen werden häufig scheinträchtig (siehe bei Scheinträchtigkeit).

Geschwülste (Tumore)

Geschwülste sind nichtschmerzhafte harte Knoten oder flächige Verdickungen ohne Entzündungserscheinungen. Sie sind eine Folge von tiefgreifenden Stoffwechselstörungen. Ob sie gut- oder bösartig sind, muß einer Labormikroskopischen Gewebeuntersuchung vorbehalten bleiben. Die häufigsten Formen beim Hund sind Bindegewebsgeschwülste. Bei den nachfolgenden Therapieempfehlungen wird davon ausgegangen, daß Verdickungen oder Geschwülste Erbsen- bis Haselnußgröße nicht überschritten haben.

Therapie: bei beweglichen Geschwülsten der Haut: dreimal täglich je 10 Tropfen **Thuja D6**;

an der Milchleiste: dreimal täglich je 10 Tropfen **Conium D10** und **Phytolacca D4** im Wechsel;

an den Hoden: dreimal täglich je 10 Tropfen **Conium D4**, **Thuja D6** und **Calcium jodatum D6** im Wechsel.

Dem Tierheilpraktiker stehen außerdem Behandlungsmethoden mittels Injektion zur Verfügung, die solche Geschwülste zum Stillstand bringen können.

Bei größeren Tumoren sollte nach einer Stoffwechsel-Umstimmung eine chirurgische Entfernung durch den Tierarzt erwogen werden und danach eine weitere alternative Begleitung erfolgen.

Haarausfall/Haarbruch

Hier ist krankhafter Haarausfall angesprochen, der außerhalb der üblichen Haarungszeiten und bei Wetterveränderungen (wie Kälte/Wärme) auftritt. Manchmal tritt gleichzeitig Schuppenbildung und Juckreiz auf.

Für den Tierheilpraktiker sind dies Hinweise auf Fehlfunktionen (von z. B. Leber, Niere, Hormonen) und oft auch auf Fütterungsfehler – einseitige und überreichliche Nahrung mit nicht ausgewogenen Anteilen von Vitaminen und Mineralien.

Therapie: Darmsanierung (siehe Seite 30) und dreimal täglich 10 Tropfen **Sulfur D6**, sowie dreimal täglich je 10 Tropfen **Flor de Piedra D6** und **Silicea D6** im Wechsel.

Bei Hormonstörungen nach einem Wurf oder bei älteren Hunden:

dreimal täglich 10 Tropfen **Sepia D6**.

Äußerlich zur Durchblutungsförderung: Einmassieren von Johanniskrautöl.

Futterzusatz: Klettenwurzel, 1-3 Eßlöffel Mischung aus grobgehacktem Thymian, Hirtentäschel, Salbei.

71

Hautpilz

Die gesunde Haut ist geschützt durch eine Milchsäureschicht. Bei gestörtem Stoffwechsel ist dies nicht mehr der Fall, so daß Pilze verschiedener Herkunft einen idealen Nährboden finden (siehe auch Parasiten). Der Nachweis der meisten Pilzarten ist nur mikroskopisch möglich. Die befallenen Stellen fallen häufig durch kreisrunden Haarausfall auf mit oder ohne Juckreiz, während es bei Beteiligung von Hefe- und Schimmelpilzen auch zu eitrigen Prozessen führen kann.

Therapie: Es gilt, das Hautmilieu auch durch innere Unterstützung zu normalisieren, da eine ausschließlich äußerliche Behandlung meist nur von vorübergehender Wirkung ist.

Als Basis-Therapie: Darmsanierung (siehe Seite 30), danach dreimal täglich 10 Tropfen **Sulfur D6**.

äußerlich: **Mycanden-Salbe** oder **Mycanden-Lösung** und täglich 1 Tablette **Vitamin A**.

Bei Pilzbefall zwischen den Zehen empfiehlt sich außerdem Einreiben mit gepreßtem **Knoblauchsaft** oder **Teebaumöl**. Bei der Anwendung von Teebaumöl empfielt sich die Form der Lotion: 5 Tropfen Teebaumöl auf ½ Tasse kaltgepreßtes Öl.

Futterumstellung – siehe Leberdiät.

Herzschwäche

Herzschwäche durch eingeschränkte Herzfunktion kommt vorwiegend bei älteren Hunden vor. Sie kann aber auch angeboren sein oder nach einer schweren Infektionskrankheit auftreten. Temperament und Ausdauer lassen nach. Der Hund ist häufig müde, hat Atembeschwerden, bei nur wenig Anstrengung kommt es zu kraftlosem Husten. Im fortgeschrittenen Stadium verfärben sich die Schleimhäute. Er vermeidet es, sich hinzulegen oder versucht, den Kopf erhöht zu lagern. Auffällig ist seine nächtliche Unruhe. Bei länger anhaltenden Störungen kann auch die Bildung von Bauchwasser dazukommen.

Therapie: dreimal täglich 10 Tropfen **Aurumheel** oder
dreimal täglich je 5 Tropfen **Cactus D1**, **Crataegus D1** und **Strophantus D4**.
zusätzlich zur Entwässerung bei Ödemen: dreimal täglich 10 Tropfen **Scilla D3**.
als erste Hilfe: das Kreislaufmittel **Camphora D1**,
Futterbeimischung: 1 bis 3 Eßlöffel Mischung aus Weißdornfrüchten, Arnikakraut und -wurzel und Rosmarin

Hitzschlag

Durch Aufenthalt im überhitzten Auto, längere starke Sonnenbestrahlung oder durch Überanstrengung bei hohen Außentemperaturen kann es zu Hitzschlag kommen. Der Hund taumelt, bricht plötzlich bewußtlos zusammen, leidet unter starken Atembeschwerden, seine Zunge und Schleimhäute verfärben sich. Falls eine Gehirnreizung dazukommt, erbricht er auch.

Therapie: alle 10 Minuten 10 Tropfen **Aconitum** D6. Bei Besserung Gaben allmählich reduzieren.
Bachblüten-Notfalltropfen.
Nachdem das akute Stadium abgeklungen ist, zweimal täglich 10 Tropfen **Natrium carbonicum D15** einige Tage lang.

Als zusätzliche, sehr wirksame Soforthilfe – kaltes Wasser. Bitte Vorsicht bei der Anwendung, keinesfalls den Kopf behandeln, sondern an den Extremitäten anfangen, d. h. kühle Güsse an die Hinter- und Vorderläufe, kühler Einlauf in den Darm.

Hodenentzündung

Eine Hodenentzündung entsteht meistens durch äußere Einwir-
kungen wie Quetschungen oder Prellungen. Sie kann aber auch
durch Erreger über den Blutweg verursacht werden. Es gibt Fälle, bei denen eine Ohrspeicheldrüsenentzündung vorausgegan-
gen ist. Ein oder beide Hoden sind stark vergrößert, warm und
sehr schmerzhaft. Der Hund ist apathisch, hat Fieber. Laufen bereitet ihm Schwierigkeiten. Seine Bewegung ist verhalten und
steif.

Therapie: zweimal täglich 5 Tropfen **Notakehl D5** und
dreimal täglich je 10 Tropfen **Arnica D6** und **Pulsatilla D6** im Wechsel. Umschläge mit essigsaurer Ton-
erde oder **Hamamelis**.

> Die Entzündung kann in Zusammenhang mit einer Entzün-
> dung im Drüsensystem stehen (siehe bei Ohrspeicheldrü-
> senentzündung). Bei Schwellungen oder Vergrößerungen
> der Hoden ohne Entzündungszeichen kann es sich um eine
> Geschwulst handeln (siehe bei Geschwülste).

Hüftgelenksdysplasie

Die Hüftgelenksdysplasie ist eine Veränderung bzw. eine Fehlentwicklung des Hüftgelenks einschließlich der es umgebenden Sehnen und Muskeln. Sie betrifft die Hüftgelenkspfanne als Teil des Beckens, den Oberschenkelkopf und den Oberschenkelhals. Der Grad der Verformung bestimmt die Bewegungsbehinderung. Dies kann vom weichen, schwankenden Gang bis zu schweren und schmerzhaften Laufstörungen und Lähmungserscheinungen führen, manchmal sogar zur Ausrenkung des Gelenks.

Therapie: dreimal täglich 10 Tropfen **Steirocall**

> Die naturheilkundliche Therapie zielt darauf, das Bindegewebe, die Bänder und die Muskeln im Bereich des kranken Gelenks zu festigen. Sie vermag zwar nicht, die Verformung oder Anlagerungen am Knochen zu beseitigen, aber sie ermöglicht dem Hund eine schmerzfreiere Bewegung.

Infektionskrankheiten

Die nachfolgenden häufigsten Infektionskrankheiten beim Hund treten in der akuten Form seltener auf, weil sie durch regelmäßige Impfungen weitgehend unter Kontrolle gehalten werden.

Staupe

Virusinfektion.
Inkubationszeit 36 Tage.

Symptome:
Auffällig ist eine zweigipflige Fieberkurve, d. h., anfänglich tritt hohes Fieber auf zusammen mit Appetitlosigkeit, Nasen- und Augenausfluß. Schleimhautkatarrh, Rachen- und Mandelentzündung – dann folgen fieberfreie Tage. In der zweiten Phase kommt es erneut zu Fieber und hauptsächlich zu Entzündungen der Atemwege. In manchen Fällen kommt es zu Krämpfen und Lähmungserscheinungen (Gehirnstaupe). Hohe Ansteckungsgefahr durch alle Ausscheidungen.

Hepatitis c.c.

Virusinfektion.
Inkubationszeit 49 Tage.

Symptome:
Verlauf etwas milder als Staupe, manchmal tritt Gelbsucht auf. Außerdem können Nieren beteiligt sein. Hornhauttrübung, Mandelentzündung, Erbrechen, Durchfall, Leibschmerzen.
Ansteckungsgefahr durch Harnausscheidung.
Sowohl Staupe als auch Hepatitis sind nicht auf den Menschen übertragbar.

Leptospirose

Erreger sind Leptospiren (eine Bakterienart).
Inkubationszeit 5-20 Tage.

Symptome:
Brechdurchfall, Mundschleimhautentzündung, Nierenerkrankung. Die Erreger werden mit Speichel und Urin ausgeschieden. Sie halten sich vorwiegend in stehenden Gewässern. Daher besteht Übertragungsgefahr auch durch Trinken aus Pfützen.

Tollwut

Virusinfektion.
Inkubationszeit 1 Woche bis mehrere Monate.

Symptome:
Es gibt verschiedene Verlaufsformen. Die Infektion befällt das Zentralnervensystem, erzeugt Angstzustände, Krämpfe, Lähmungen an den Extremitäten und des Atemzentrums. Die Ansteckung erfolgt durch den Speichel infizierter Tiere, und zwar bereits 10 Tage vor erkennbaren Symptomen.

Bei dem geringsten Verdacht auf Tollwut, auch nach Berührung kranker Waldtiere, besteht unbedingte Meldepflicht beim Veterinäramt. Impfnachweis!

Sowohl Leptospirose als auch Tollwut sind auf Menschen übertragbar.

Parvovirose

siehe entsprechendes Kapitel.

> Besonders zu beachten sind auch die seit einigen Jahren
> immer häufiger auftretenden Krankheiten, die durch Rei-
> sen in südliche Länder erworben werden und **durch Zek-**
> **ken oder Mücken übertragen** werden. (Bei unklaren,
> chronisch verlaufenden Erkrankungen sollte auch an diese
> Möglichkeit gedacht werden). Dazu gehören u.a.:

Ehrlichiose

von Zeckenspeichel übertragene Rickettsien.
Inkubationszeit 5 – 21 Tage. Hohes Fieber bis 41°C, nach Fieber-
abfall kann es zu erneuten Schüben kommen. Der Zustand kann
Wochen bis Monate anhalten.

Symptome:
eitriger Nasen- und Augenausfluß, Durchfall, blasse Schleimhäute,
in schweren Fällen Krämpfe und Lähmung der Hinterläufe.

Borreliose

durch Zecken übertragene Spirochäten.
Wochen bis Monate nach dem Zeckenbiß können sich fiebrige
Entzündungen entwickeln. Betroffen sind meist Gelenke, Herz
und Nervensystem.

Babesiose

durch Zecken übertragene Piroplasmen.
Inkubationszeit 10 Tage bis 3 Wochen.

Symptome:
Mattigkeit, Fieber bis 42° C, blasse Schleimhäute, auffällig dunkler Urin – bei schwerem Verlauf Gelbsucht, Nierenversagen, Blutungen. Hier gibt es die Möglichkeit einer Impfung, die offenbar aber nicht völlig vor Infektion schützt, sondern eher Todesfälle verhüten hilft.

Leishmaniose

Übertragung durch Mücken oder Sandfliegen.
Inkubationszeit 4 Wochen bis zu 3 und mehr Jahren.

Symptome:
Die Infektion kann latent verlaufen. Verdächtig können Hautveränderungen sein mit weißer Schuppenbildung an Hals, Rücken und Gliedmaßen, teiweise auch Geschwürbildung an Ellenbogen und Sprunggelenken, Haarverlust auf dem Nasenrücken, um die Augen und an den Ohrenspitzen, Leber- sowie Milz- und Lymphknotenschwellung.
Fieberschübe, Abmagerung,
Leishmaniose gehört zu den Zoonosen – die Ansteckung eines Menschen über Hautwunden ist möglich. Daher auf äußerste Hygiene achten!

Filariose (Herzwürmer)

Ebenfalls durch Stechmücken übertragene Larven, die periodisch im Blut auftreten. Die herangereiften Würmer befinden sich meistens in der rechten Herzhälte und in den Lungenarterien, in Ausnahmen auch in anderen Organen. Symptome sind meist ähnlich denen einer Rechtsherzinsuffizienz, d. h. Husten, Atemnot, Leistungsabfall je nach Befall unterschiedliche Schweregrade – bei Lungenbeteiligung auch Bluthusten.

Insektenstiche

Durch Insektenstiche wird der Hund vorwiegend in der Sommerzeit geplagt. Besonders Wespen versuchen gern, an den Futternapf zu gelangen, und verursachen häufig einen Zwischenfall. Beim Stich bildet sich eine starke örtliche Schwellung meistens im Kopfbereich. Manchmal verquillt auch das ganze Gesicht und sieht völlig entstellt aus.

Therapie: alle 15 Minuten 10 Tropfen **Apis Mellifica D4** bis zur Besserung.

Bei besonders starken Schmerzen: dreimal täglich 10 Tropfen **Ledum D4**.

Äußerlich: Umschläge mit **Calendulatinktur** oder rohen Kartoffelscheiben.

Teebaumöl-Lotion.

> Gefahr besteht beim Schlucken von stechenden Insekten. Ein Stich in den Rachenraum kann zum Ersticken führen. Notfalloperation! Luftröhrenschnitt durch den Tierarzt.

Knochenbrüche

Man unterscheidet geschlossene und offene Brüche, d. h. entweder bleibt die Haut unverletzt, oder der Knochen dringt durch die Haut nach außen.

Brüche sind in der Regel Folgen eines Unfalls und sollten schnellstens durch Röntgenaufnahme diagnostiziert und falls notwendig gerichtet werden (Tierklinik).

Therapie: Erste Hilfe: Stelle fixieren, mit Zellstoff oder Watte polstern, Schwellungen kühlen.

Bachblüten-Notfalltropfen.

Als Begleittherapie, um den Heilungsprozeß zu beschleunigen für schnelle Kallusbildung am verletzten Knochen: dreimal täglich je 10 Tropfen **Calcium phosphoricum D6** und **Symphytum D6** im Wechsel oder

dreimal täglich 10 Tropfen **Infiossan.**

Zusätzlich für die Muskeln, Sehnen und Blutgefäße im Bereich des Geschehens: dreimal täglich je 10 Tropfen **Plumbum D6** und **Arnika D4** im Wechsel.

Magnetfeldtherapie.

Knochenveränderungen

Knochenveränderungen können organisch bedingt sein, z. B. durch Mineralverwertungsstörungen bei endokrinen Erkrankungen. Häufig treten sie jedoch aufgrund fehlerhafter Ernährung in bezug auf Vitamine und Mineralstoffe (Überdosierung) auf und durch starken Wurmbefall. Das Knochenwachstum des jungen Hundes wird dadurch stark beeinträchtigt. Verdickungen zeigen sich beispielsweise an den Rippenenden beim Übergang von Rippenknochen zum Knorpelteil. Es kommt zu Verkrümmungen der Vorderläufe und auch der Hinterläufe. Diese Hunde sind meistens auch schlechte Fresser.

Therapie: dreimal täglich je 10 Tropfen **Calcium phosphoricum D3, Calcium Carbonicum D6** und **Calcium fluoratum D6**.
oder dreimal täglich 1 Tablette **Infi-Lymphect** und nach Wurmbefall eine Darmsanierung (siehe Seite 30).
Bei Verdickungen oder Auftreibungen der Knochen beim älteren Hund dreimal täglich 10 Tropfen **Hekla Lava D6**.
Auf ausgewogenes Futter achten. (Siehe Fütterung!)

Kotfressen

Das Fressen des eigenen Kots beobachtet man manchmal bei jungen Hunden. Hier läßt sich nicht immer klar abgrenzen, ob sie vielleicht nur aus Neugierde alles fressen, was ihnen vor die Nase kommt. In den meisten Fällen handelt es sich um einen Mangel im Mineralstoffhaushalt, d. h. Fehlernährung oder Verwertungsstörung. Ein deutlicher Hinweis hierauf ergibt sich, wenn eine Gier auf ungewöhnliche und unverdauliche Dinge dazukommt.

Therapie: Futterplan überprüfen.

dreimal täglich je 10 Tropfen **Calcium phosphoricum D6**, **Nux vomica D6** und **Acidum nitricum D6** im Wechsel.

Zusätzlich 1 Teelöffel **Heilerde**, wahlweise 2 Eßlöffel **Kanne-Brottrunk** unter das Futter mischen.

85

Kreislaufschwäche / Kollaps

Ein Schwächeanfall kann auftreten nach Unfall mit großem Blutverlust, bei Überanstrengung bzw. Überforderung, Vergiftungen und Infektionskrankheiten. Die Schleimhäute sind blaß. Es kann auch zu Kreislaufversagen mit zeitweiliger Bewußtlosigkeit kommen.

Therapie: anfänglich alle 10 Minuten 10 Tropfen **Cralonin** oder 1 Tropfen **Camphora D1** auf die Zunge, ebenfalls in kurzen Abständen
oder einige Tropfen **Bachblüten-Notfalltropfen**.

Lebererkrankungen

Die Leber ist die größte Drüse des Körpers und das Hauptentgiftungsorgan. Sie produziert Galle für die Fettverdauung und sorgt mit vielen biochemischen Vorgängen für die Aufbereitung und Weiterleitung der Grundnahrungsstoffe. Eine akute Erkrankung kann u.a. durch Virusinfektionen oder durch Chemikalien auftreten. Die chronische Form wird durch lang anhaltende Stoffwechselstörungen auch im Zusammenhang mit anderen Organstörungen verursacht. Der Hund ist apathisch, appetitlos, erbricht manchmal gelben Schleim, der Urin kann dunkel gefärbt, der Kot grau-lehmig sein. Im fortgeschrittenen Stadium kommen Kreislaufstörungen und Bauchwasser dazu.

Therapie: viermal täglich 10 Tropfen **Flor de Piedra D3** oder dreimal täglich 1 Dragee **Heparano N**.
Futterumstellung: Fett absolut meiden. Pflanzliche Zugaben von 1 bis 3 Eßlöffeln einer Mischung aus Löwenzahn, Mariendistelsamen, Pfefferminze, Rosmarin und Schöllkraut.

Lederohr

Bei kurzhaarigen Rassen zeigen sich manchmal ohne besondere Anzeichen von Hautreizungen haarlose Stellen überwiegend an den Ohren. Die Haut wirkt ledrig und dunkelt deutlich nach.

Therapie: mehrere Wochen lang dreimal täglich 10 Tropfen **Silicea D12**. Äußerlich Massage mit **Johanniskrautöl** und **Echinaceasalbe**. Bei haarlosen Vernarbungen durch Kupieren zusätzlich dreimal täglich 10 Tropfen **Graphites D12**.

Leistenbruch

Der Leistenbruch kann ein- oder beidseitig vorkommen. Er zeigt sich durch eine leichte Wölbung unter der Haut im Leistenspalt, d. h. im Übergang von der Bauch- zur Oberschenkelmuskulatur. In manchen Fällen läßt er sich zurückschieben. Gefahr besteht, wenn die Darmschlingen, die sich in den Spalt geschoben haben, abgeklemmt werden, da es zum Verschluß kommen kann.

Therapie: Operation (Tierklinik).
Begleitend zur Stützung des Bindegewebes:
innerlich: dreimal täglich 10 Tropfen **Silicea D30**.

Lungenentzündung

Die Lungenentzündung hat ähnliche Ursachen wie Bronchitis und tritt manchmal im Anschluß daran auf, insbesondere nach Virusinfektionen. Der Hund hat Atembeschwerden, die sich in Kurzatmigkeit äußern. Dies ist deutlich an der Lefzenbewegung zu beobachten. Hohes Fieber und Husten kommen dazu.

Therapie: zweimal täglich je 5 Tropfen **Notakehl D5** und **Quentakehl D5**.
alle 2 Stunden je 10 Tropfen **Bronchiselect** und **Toxiselect** im Wechsel. Einreibung der Brust mit Kampferspiritus. **Prießnitzwickel** für jeweils etwa 20 Minuten (siehe Abbildung).

Prießnitzwickel bei Lungenentzündung

Magenumdrehung

Hier handelt es sich um eine Drehung des Magens um seine Längsachse. Dabei verschließen sich Magenein- und -ausgang ganz oder teilweise. Der Blutkreislauf wird unterbrochen; als Folge ist die Herztätigkeit stark beeinträchtigt Außerdem entstehen Gase, die den Magen wie einen prallen Ballon füllen. Verursacht wird diese Drehung meist durch Bewegung nach Fütterung, aber nicht selten auch durch Streß. Der Hund bekommt in sehr kurzer Zeit einen stark aufgeblähten Bauch. Er stöhnt unter sehr großen Schmerzen. Sein Kreislauf wird schwach.

Therapie: Notfalloperation (Tierklinik) sollte innerhalb 2 Stunden ausgeführt werden, da Lebensgefahr besteht. Begleitend für die Wundbehandlung: dreimal täglich 10 Tropfen **Arnica D6**,
sowie zweimal 5 Tropfen **Mucokehl D5**.
äußerlich: **Calendulasalbe**.

Nach erfolgreicher Operation leichtverdauliches Futter auf mehrere Mahlzeiten am Tag verteilen.

Magenschleimhautentzündung (Gastritis)

Dies ist meist eine bakterielle Infektion, die durch Aufnahme von Eis oder Schnee, eiskaltes Wasser, unverdauliche Stoffe oder Chemikalien verursacht wird. Sie kann auch eine Begleiterscheinung von Viruserkrankungen oder Wurmbefall sein. Der Hund erbricht häufig weißlich-gelblichen Schaum, ist apathisch und appetitlos.

Therapie: zweimal täglich 5 Tropfen **Fortakehl D5** und
dreimal täglich je 10 Tropfen **Nux vomica D6** und **Carbo vegetabilis D6** im Wechsel.
Pfefferminz- oder Tausengüldenkrauttee vermischt mit 1 Teelöffel Heilerde.

Bei dieser Erkrankung sollte der Hund wenigstens 24 Stunden fasten man sollte nicht versuchen, ihm irgendwelche feste Nahrung aufzuzwingen. Danach Schonkost, auf mehrere Mahlzeiten verteilt. Keine Knochen.

Mandelentzündung

Eine Entzündung der Mandeln ist eine Abwehrreaktion gegen von außen eindringende Erreger; außerdem kann sie eine Begleiterscheinung von Infektionskrankheiten wie Staupe und Leptospirose sein (siehe Seite 77 f.). Der Hund hat leichte Temperaturerhöhung, Schluckbeschwerden, trinkt viel, würgt weißen Schleim aus, hustet gelegentlich.

Therapie: zweimal täglich 5 Tropfen **Notakehl D5** und
jede Stunde je 10 Tropfen **Belladonna D6** bis zur Besserung, danach
dreimal täglich 10 Tropfen **Apis D4**
bei häufig wiederkehrenden Entzündungen:
dreimal täglich 1 Tablette **Infi-Lymphect**
als 3-Wochen-Kur **Prießnitz-Halswickel.**

93

Muskelentzündung

Muskelentzündungen können durch Unterkühlung, Zugluft, Infektionen und Verletzungen entstehen. Sie zeigen sich durch mehr oder weniger ausgeprägte Schmerzhaftigkeit, teilweise durch Krampf, wobei die Muskeln unnatürlich angespannt sind.

Therapie: dreimal täglich je 10 Tropfen **Bryonia D6** und **Rhus toxicodendron D6** im Wechsel.
Zusätzlich Wärme und feucht-warme Kompressen. Umschläge mit **Kytta Plasma**.

Nabelbruch

Ein Nabelbruch tritt in der Regel nur bei jungen Welpen auf. Es ist ein Riß in der Bauchmuskulatur an der Stelle, an der die Nabelschnur mit dem Körper verbunden war. Da dieser Bruch meistens sehr klein ist, besteht kaum die Gefahr eines Darmaustritts, so daß auch eine Operation wie beim Leistenbruch nicht unbedingt erfolgen muß. Allerdings ist bei Hündinnen, die bei einer späteren Trächtigkeit eventuell Beschwerden haben könnten, eine Operation zu empfehlen.

Therapie: Operation in der Tierklinik (siehe Leistenbruch).
Begleitend: dreimal täglich 10 Tropfen **Silicea D30**.

Nasenausfluß

Eine Entzündung der Nasenschleimhaut und der Nasenneben-
höhlen verursacht Nasenausfluß. Sie entsteht meist durch eine
Erkältung und tritt dann zusammen mit anderen Erkältungserscheinungen auf. Anfänglich fließt ein wäßriges Sekret aus der
Nase. Der Nasenspiegel ist trocken und rissig. Es besteht erhöh-
ter Durst.

Therapie: dreimal täglich 10 Tropfen **Natrium muriaticum D12**
oder **Hepar Sulfuris D30**. Nasenspiegel mit **Johanniskrautöl** oder **Aloe-Vera-Gel** einreiben.

Im fortgeschrittenen Stadium kann das Sekret gelb- bis grün-
schleimig sein.

Therapie: dreimal täglich 1 Tablette **Sinusitis Hevert N**

> Derartige Entzündungen sind häufig auch Begleit-
> erscheinungen anderer Infektionen. Sie können ebenfalls
> in Zusammenhang mit Darmstörungen auftreten, so daß hier
> aus ganzheitlicher Sicht auch an eine Darmsanierung ge-
> dacht werden sollte (siehe Seite 30).

Nickhautdrüsenentzündung

Der Hund hat, anders als der Mensch, noch ein drittes Augenlid, die Nickhaut, mit einer Nickhautdrüse. Durch Reizung oder Entzündung kann sie plötzlich anschwellen und wird im inneren Augenwinkel sichtbar. Sie kann bis zu Erbsengröße erreichen (siehe Skizze).

Therapie: Euphrasia-Augentropfen oder **Mucokehl Augentropfen.**

Falls die Drüse aufgrund ihrer Größe nicht mehr auf diese Behandlung anspricht, wird sich eine operative Entfernung nicht vermeiden lassen. In diesem Fall ist Euphrasia und Mucokehl eine hervorragende Begleitbehandlung und beschleunigt den Heilungsprozeß.

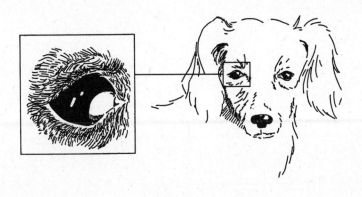

Nickhautdrüsenentzündung

97

Nierenentzündung

In der akuten Form tritt die Nierenentzündung häufig zusammen mit Erkältungen oder Unterkühlung auf. Ungeeignetes, scharf gewürztes Futter und giftige Chemikalien kommen ebenfalls als Ursache in Frage. Eine Nierenentzündung tritt auch als Begleiterscheinung bei Leptospirose oder als Folge einer gestörten Leberfunktion auf. Der Hund ist apathisch, hat leichtes Fieber und manchmal Schmerzen im Lendenbereich. Ein aufgezogener Rükken und ein steifer Gang können Hinweise sein. Durst und Harnabsonderung sind vermindert.

Therapie: zweimal täglich 5 Tropfen **Notakehl D5**, dreimal täglich 10 Tropfen **Cantharis D5** und einmal täglich 10 Tropfen **Apis D30**.
Danach dreimal täglich 10 Tropfen **Cantharis D5** und dreimal täglich 10 Tropfen **Apis D3** im Wechsel oder dreimal täglich 10 Tropfen **Solidagoren N** in etwas Wasser.

Die chronische Form der Nierenentzündung kann sich zunächst unbemerkt aus der akuten entwickeln, da sie kaum Schmerzen verursacht. Vermehrter Durst und Harndrang sind zu beobachten. Der Hund neigt zu Abmagerung und erscheint unruhig.

Therapie: dreimal täglich 10 Tropfen **Solidagoren N**.
Für beide Formen der Entzündung: **Goldrutenkrauttee**.
Futterzusatz: 1 bis 3 Eßlöffel Mischung aus Bärentraubenblättern, Birkenblättern, Schafgarbe und Zinnkraut.

Ohrenzwang/Ohrenentzündung

Starke Ohrenschmalzabsonderung, Fremdkörper, schlechte Belüftung durch starke Behaarung, aber auch Ohrmilben und Pilze können zu Entzündungen führen. Der Hund schüttelt häufig seinen Kopf, hält ihn schief, reibt seine Ohren an Gegenständen, kratzt sich heftig mit den Hinterpfoten bis zu Schmerzäußerungen. Anfänglich ist der Gehörgang gerötet und leicht geschwollen. Eitrige, übelriechende Absonderungen sind bereits Zeichen für ein fortgeschrittenes Stadium.

Therapie: Fremdkörper sollten vom Fachmann, d. h. Tierarzt oder Tierheilpraktiker, entfernt werden. Bei ersten Entzündungserscheinungen mit Rötung – innerlich: alle 2 Stunden je 10 Tropfen **Belladonna D6** und **Silicea D6** im Wechsel.
Bei eitrigem Ausfluß: dreimal täglich je 10 Tropfen **Hepar Sulfuris D6** und **Silicea D6**.
Äußerlich: **Aconitum Ohrentropfen Wala**
Bei Pilzbefall: **Mycandensalbe, Teebaumöl.**

> Empfehlung: Zur allgemeinen vorbeugenden Pflege wöchentlich einmal die Ohren kontrollieren, mit Calendulatinktur oder Fortan-Ohrentropfen säubern. Eine Pipette voll handwarm ins Ohr geben, durchkneten, danach mit einem Wattebausch gut säubern.

Ohrentropfen

Die Ursache für eitrige und immer wiederkehrende Ohrenentzündungen liegt oft auch in anderen Organerkrankungen, die das Ohr sozusagen als Ventil nach außen benutzen. Hier muß die ursächliche Krankheit unbedingt mittherapiert werden.

Bei einer Erkrankung des linken Ohres liegt manchmal eine Nierenstörung zugrunde (siehe bei Nierenentzündung).

Akupressur:
Punkte (siehe Zeichnung auf der folgenden Seite) mehrmals täglich eine Zeitlang massieren:
1. Mitte der Ohrmuschelöffnung am Ohrmuschelansatz (beidseitig);
2. in der Spalte zwischen 1. und 2. Zehe der Vorderläufe (beidseitig).

Akupressurpunkte bei Ohrenentzündung

Ohrspeicheldrüsenentzündung (Parotitis)

Diese Drüsenentzündung kann im Anschluß an Halsentzündungen oder ähnliche Infektionen auftreten. Die Ohrspeicheldrüse liegt unterhalb des Ohres. Sie schwillt stark an und bereitet dem Hund besonders beim Kauen große Schmerzen. Er hält den Kopf schief, speichelt vermehrt und schluckt vorsichtig.

Therapie: alle 2 Stunden je 10 Tropfen **Pulsatilla D4** und **Mercurius solubilis D6** im Wechsel.
Warme Ölumschläge oder Heublumensäckchen auflegen.

101

Parasiten – äußerlich

Die häufigsten äußerlich vorkommenden Parasiten beim Hund sind:

Flöhe

2 bis 3 mm groß, blutsaugend, dunkelbraunglänzend, großes Springvermögen. Neben anhaltendem Kratzen sind die ersten Anzeichen auf Flohbefall, sofern man noch keinen entdeckt hat, kleine rote Flecken auf der Haut und schwarze Krümel (Flohkot), überall im Fell verteilt. Außer der direkten Belästigung ist der Floh für den Hund deshalb eine Gefahr, weil er der Zwischenwirt für den Hundebandwurm ist.

Zecken

2 bis 4 mm große, blutsaugende Insekten. Im vollgesaugten Zustand erreichen sie Erbsengröße. Ihre Mundwerkzeuge bohren sich schraubenartig in die Haut. Entfernung durch Drehbewegung, d. h. Schraube lösen. Hilfreich ist ein Tropfen Alkohol oder Öl auf die betroffene Stelle oder die im Handel angebotene Zeckenzange.
Zecken können Überträger verschiedener Infektionskrankheiten sein (siehe dort).

Läuse und Haarlinge

1 bis 2 mm große platte Tierchen. Läuse sind blutsaugend, während Haarlinge Schuppen fressen.

Milben

Mikroskopisch nachweisbar, blutsaugend, von Tier zu Tier übertragbar.

- Ohrmilben leben im äußeren Gehörgang.
- Grasmilben befinden sich bevorzugt in den Zwischenzehenspalten oder an den Schenkelinnenflächen.
- Räudemilben bohren sich in die obere Hautschicht des Ohrrandes, der Achsel- und Schenkelinnenflächen oder an Kopf, Hals, Brust, Schwanz und Pfoten. Schnelle Übertragung auf andere Tiere.

Eine besonders hartnäckige Form bildet die Demodexmilbe, auch Haarbalgmilbe, die überwiegend in den Haarfollikeln lebt. Einige Hunderassen werden vermehrt von dieser Milbe befallen. Die Anfälligkeit wird mit einer genetischen Disposition erklärt. Andererseits scheint die Demodikose auch nach Langzeit-Hormonbehandlungen aufzutreten.

Die Hautveränderungen sind haarlose, meist gerötete Stellen zunächst im Bereich Augen und Mundwinkel; dramatisch kann es bei weiterer Ausbreitung werden.

Die oben aufgeführten Parasiten verursachen überwiegend großen Juckreiz. Der Hund kratzt sich ständig, beleckt und benagt die erreichbaren Stellen teilweise, bis sie bluten. So ergibt sich zusätzlich ein Nährboden für nachfolgende bakterielle Entzündungen.

Therapie: Bei übermäßigem Befall einmalig ein Tauchbad mit chemischem Mittel vom Tierarzt besorgen, bei Räude Wiederholung nach Anweisung. Danach gilt es, das

Hautmilieu so zu verbessern, daß einem erneuten Befall vorgebeugt wird.

Entschlackungskur und Darmsanierung (siehe Seite 30) Bei Verletzung der Haut äußerlich: **Aloe-Vera-Gel, Teebaumöl-Lotion.**

Bei starkem Parasitenbefall läßt es sich nicht vermeiden, kurzfristig chemische Zusätze zu verwenden. Dagegen sollte man bei einem normalen Bad wegen Verschmutzung des Hundes immer ein mildes Shampoo wählen, das reizarm ist und Haut und Fell so wenig Fett wie möglich entzieht. In jedem Fall sollte anschließend eine Spülung gemacht werden, die eine Neubildung der Schutzschicht unterstützt. Hierfür eignet sich besonders gut der Zusatz von Kanne-Brottrunk oder Obstessig (vorzugsweise aus ganzen Äpfeln – im Reformhaus oder Naturkostladen erhältlich).

Ein bewährtes Kräuterrezept ist:

Je 15 g Brennessel, Zinnkraut, Thymian, Pfefferminze, Kamille und Johanniskraut mischen,

auf 1 Eßlöffel dieser Mischung ¼ Liter siedendes Wasser geben und bis zum Erkalten ziehen lassen. Die Kräuter abpressen.

Die gesamte Mischung reicht für 12 Ansätze.

Wichtig besonders bei Flohbefall: auch den Schlafplatz und die Umgebung mit behandeln!

Parasiten – innerlich

Darmpilz

Durch zunehmende Umweltbelastungen, Fehlernährung (meist Überernährung und zuviel Naschereien), Behandlungen mit Antibiotika und/oder Kortikoiden kommt es auch bei Hunden vermehrt zu Störungen im inneren Milieu. Bei der Darmflora entwickelt sich so allmählich ein Ungleichgewicht, das Darmparasiten Vorschub leistet. Außer dem lange bekannten Wurmbefall treten vermehrt auch Darmpilze auf, deren Ausscheidungsprodukte toxisch auf die Leber wirken und damit eine weitere Schwächung verursachen können.

Eine Umstimmung über eine Darmsanierung sollte die erste Maßnahme sein (siehe Seite 30).

Wurmbefall – siehe dort

Parvovirose (Katzenseuche)

Der durch das Parvovirus hervorgerufene Brechdurchfall trat bei Hunden Anfang der 80er Jahre plötzlich seuchenhaft auf. Die ersten Zeichen sind Erbrechen von gelblichweißem, schaumigem Schleim mit gleichzeitigem wäßrigem Durchfall. Der Kot kann anfänglich auch hellgrau (zementartig) sein und ist später mit immer mehr Blut vermischt. Der Hund hat kaum Fieber – eher Untertemperatur und ist äußerst apathisch. Trotz großen Flüssigkeitsverlusts weigert er sich, zu trinken. Er wird zusehends schwächer und teilnahmsloser. Die Durchfälle haben einen ungewöhnlich starken Geruch.

Infolge der toxischen Wirkung des Virus kann es zu einer Schädigung des Herzmuskels kommen.

Therapie: alle 15 Minuten 10 Tropfen **Nux vomica Homaccord**.
Zur Kreislaufunterstützung:
fünfmal täglich 10 Tropfen **Cralonin**
gegen die Blutung 20 – 30 Tropfen **Trillium Spezial**
mit Wasser verdünnt einflößen
zusätzlich 1 Tablette **Vitamin K**.
Hirtentäschelaufguß oder gefrorenes Fachinger Wasser zerstampfen und einflößen.

In vielen Fällen ist der Flüssigkeitsverlust so groß, daß dringend über eine Infusion Flüssigkeit zugeführt werden muß. Der Begriff *Katzenseuche* wurde geprägt, weil das Virus dem Katzenseuchevirus sehr ähnlich ist.
Eine Übertragung von Katze auf Hund oder umgekehrt ist jedoch nicht möglich.

Prostataerkrankungen

Erkrankungen führen immer zu Vergrößerungen der Drüse, die im Normalfall je nach Rasse bis walnußgroß ist. Sie umgibt die Harnröhre und liegt unterhalb des Mastdarms. Bei Funktionsstörungen schwillt sie an und verengt die Darmpassage. Der Hund hat entsprechend Schwierigkeiten beim Kotabsetzen (sogenannter Bleistiftstuhl). Auffällig ist seine spazierstockähnliche Rutenhaltung. Auch ohne Harnlassen können Eiter und Blut aus der Harnröhre treten. Manchmal zeigt sich auch eine Schwäche der Hinterhand.

Therapie: alle Stunde je 10 Tropfen **Belladonna D6** und **Pulsatilla D3** im Wechsel.

Wenn Instinkthandlungen des Rüden ständig verboten und unterdrückt werden, kann es ebenfalls zu einer oben beschriebenen Überfunktion kommen (siehe bei Geschlechtstrieb).

Psychische Defekte – Verhaltensstörungen

Hierzu zählen nervöse Störungen, die vererbt sein können, meistens jedoch erworben werden. Die vermenschlichte Haltung von Hunden unterdrückt deren natürliches Verhalten. Streß und Nervosität des Besitzers können sich schnell übertragen. Insbesondere Großstadthunde müssen dazu noch Lärm, Abgase und für sie unnatürliche Gerüche ertragen, was ihre sensiblen Sinnesorgane um ein Vielfaches mehr belastet als den Menschen. Erkannt werden solche Störungen meistens erst dann, wenn es zu ernsten Beschwerden kommt. Sie sind alle ein Ausdruck von Verunsicherung und Angst.

Je nach Umfeld und Entwicklung gibt es die unterschiedlichsten Typen, z. B.:

○ **Den eifersüchtigen Hund**, der niemanden in die Nähe seiner Bezugsperson kommen läßt.

Therapie: einmal pro Woche 10 Tropfen Hyoscyamus **D200**. über längere Zeit

○ **Den ständig bellenden Hund**, der seine gesamte Umgebung nervt.

Therapie: einmal pro Woche 10 Tropfen **Lachesis D200**.

○ **Den Hund, der anhaltend bellt und jault**, weil er **nicht allein sein** will.

Therapie: einmal pro Woche 10 Tropfen **Phosphor D30**.

○ **Den Hund, der schreckhaft ist** und bei jedem Geräusch zu-
sammenzuckt.

Therapie: dreimal täglich 10 Tropfen **Kalium phosphoricum D12.**

○ **Den Hund, der eigentlich stubenrein ist,** aber der plötzlich
sein Geschäft mitten im Wohnzimmer verrichtet.

Therapie: einmal täglich 10 Tropfen **Pulsatilla D200** Eventuell nach einigen Tagen einmal täglich 10 Tropfen
Platinum D200.

○ **Den Hund, der furchtsam und unsicher ist** und **besonders vor Männern** davonläuft.

Therapie: einmal täglich 10 Tropfen **Lycopodium D30.**

○ **Den Hund, der vor allem Neuen ängstlich** und verhalten
zurückweicht.

Therapie: dreimal täglich 10 Tropfen **Argentum nitricum
D12.**

○ **Den »Angstbeißer«, der ohne Ankündigung zubeißt** und
manchmal auch von hinten angreift

Therapie: einmal täglich 10 Tropfen **Belladonna D30.** Bei Besserung einmal täglich 10 Tropfen **Calcium carbonicum D200.**

109

○ **Den heimwehkranken Hund**, der außerhalb seiner gewohnten Umgebung unter der Trennung von seiner Bezugsperson leidet und leise winselt.

Therapie: einmal täglich 10 Tropfen **Ingnatia D30**.

○ **Reisekrankheit** – Ein weiterer Ausdruck von Angst äußert sich darin, daß der Hund Autofahren nicht verträgt.

Therapie: einige Tage vor und zu Beginn der Fahrt in kurzen Abständen je 10 Tropfen **Cocculus D6** und/oder **Bachblüten Notfalltropfen**.

Akupressur:
Allgemein beruhigende Punkte bei Ängstlichkeit, Nervosität und Krämpfen:
1. Schädelmitte am Hinterhauptbein;
2. Mittellinie zwischen den Augen am Stopp (am Übergang von Nasenrücken zur Stirn).

Für alle beschriebenen und weitere Angst- Streß-Zustände bei Hunden gibt es noch Tips für eine begleitende Bachblütentherapie in dem Buch »Bachblütentherapie für Haustiere« meiner Kollegin Anne Lindenberg.

Akupressurpunkte bei Verhaltensstörungen

Rachenentzündungen

Meistens treten Rachenentzündungen in Verbindung mit Kehl-kopfentzündungen auf. Mandeln und Bronchien können eben-falls in Mitleidenschaft gezogen werden. Verursacht werden kön-nen sie durch Infektionen verschiedener Art, Verletzungen beim Fressen von Knochen, Zerren am Halsband und auch durch an-haltendes Bellen. Der Hund hustet bis zur Heiserkeit, hat Schluck-beschwerden. Er verweigert die Futteraufnahme, besonders trok-kene und feste Nahrung. Er bevorzugt kaltes Wasser.

Therapie: mehrmals je 10 Tropfen **Aconitum D6** am Anfang, danach alle 2-3 Stunden 10 Tropfen **Spongia D6**.
Dreimal täglich 1 Teelöffel **Jsephca Sirup**.
Halswickel.
Weiches Futter anbieten.

Scheinträchtigkeit

Eine fehlgesteuerte Hormonproduktion ist die Ursache für Scheinträchtigkeit. Sie kann bei Hündinnen vorkommen, die nie Junge hatten, aber ebenso bei Zuchthündinnen in den Intervallzeiten oder nach einem Fehldeckakt. Etwa 8 Wochen nach der Läufigkeit beobachtet man das Anschwellen der Milchleisten, erhöhte oder auch verminderte Freßlust. Die Hündin wird unruhig, versucht ein Nest zu bauen, sucht sich Spielzeug zum Bemuttern. Häufig tritt auch Milch aus den Zitzen.

Therapie: dreimal täglich 10 Tropfen **Asa foetida D4**.

Bei übernervösen Hündinnen einmal pro Woche 10 Tropfen **Ignatia D200** beginnend nach der Hitze. Falls der Durst sehr ausgeprägt ist, zusätzlich einmal täglich 10 Tropfen **Cyclamen D30**.

Eine hormonelle Behandlung zur Unterdrückung der Scheinträchtigkeit ist äußerst bedenklich. Dieser Eingriff in Körperfunktionen kann zu schweren Entzündungen führen.

Schlaganfall

Bei einem Schlaganfall platzt ein Blutgefäß im Gehirn. Die Blutung kann einen Teil des Gehirns außer Funktion setzen. Diese Erscheinung tritt vorwiegend beim älteren Hund auf. Der Hund ist zunächst benommen, taumelt und bricht dann bewußtlos zusammen. Nach Erholung zeigen sich meistens Teillähmungen.

Therapie: alle 15 Minuten je 10 Tropfen **Arnica D3** und **Belladonna D4** im Wechsel.

Für absolute Ruhe sorgen. Keine Flüssigkeiten einflößen, da die Gefahr des Verschluckens besteht. Falls längere Bewußtlosigkeit vorliegt, baldmöglichst zum Tierarzt.

Sehnenentzündung/ Sehnenscheidenentzündung

Bei Entzündungen dieser Art sind meistens sowohl Sehnen als auch Sehnenscheiden gleichermaßen betroffen. Sie treten häufig in der Nähe von Gelenken auf. Neben Bißverletzungen ist Überanstrengung eine der Hauptursachen. Es entsteht eine deutliche Schwellung mit Schmerzhaftigkeit. Der Hund schont das betreffende Gelenk und zeigt Lahmheit.

Therapie: dreimal täglich je 10 Tropfen **Arnica D4** und **Rhus toxicodendron D3** im Wechsel oder dreimal täglich 10 Tropfen **Traumeel**.
Zusätzlich: Umschläge mit **Kytta Plasma**.

115

Star – Linsentrübung

Man unterscheidet verschiedene Arten der Linsentrübung, die das Sehvermögen schwächt und eine milchige Trübung des Auges hervorruft.
Die häufigsten sind :

1. Linsentrübung durch äußere Verletzung der Hornhaut.

Therapie: dreimal täglich 10 Tropfen **Mercurius sublimatus corrosivus D6** und **Euphrasia-Augentropfen** oder **Mucokehl Augentropfen** mehrmals täglich.

2. Grauer Star kann durch Infektionen entstehen, meistens jedoch im Alter nach dem 7. Lebensjahr. In sehr seltenen Fällen ist er angeboren.

Therapie: **Mukokehl-Augentropfen** oder innerlich: dreimal täglich je 10 Tropfen **Calcium fluoratum D6, Natrium muriaticum D12** und **Magnesium carbonicum D6** im Wechsel.

> Bemerkung: Mit dieser Behandlung kann man einen Stillstand erreichen, meistens jedoch keine völlige Heilung.

3. Grüner Star ist eine Erkrankung des Auges als Folge anderer Organerkrankungen. Der Innendruck des Auges ist so stark erhöht, daß Sehnerven und Netzhaut geschädigt werden können. Zu beobachten sind starker Tränenfluß und ein grüner Pupillenreflex. Zu späte Behandlung kann zur Erblindung führen.

Therapie: zu Beginn der Krankheit bis zu fünfmal täglich 10 Tropfen **Belladonna D6** und einmal täglich 10 Tropfen **Phosphorus D30, Euphrasia-Augentropfen** oder **Mucokehl-Augentropfen.**

Tränenkanalverstopfung

Bei Verstopfung der Tränenkanäle am inneren Rand der unteren Augenlider kann überschüssige Tränenflüssigkeit nicht mehr über die Nase abgeleitet werden. Sie fließt aus den Augenwinkeln nach außen ab und bildet »Tränenstraßen«. Die Haare in diesem Bereich verkleben, Bakterien können sich ansammeln, so daß es oft auch zu einer Bindehautentzündung kommt.

Therapie: Tränenkanäle durchspülen lassen. Anschließend **Euphrasia-Augentropfen** oder **Mucokehl-Augentropfen** und
innerlich dreimal täglich 10 Tropfen **Silicea D12**.
Bei Eiterabsonderung: dreimal täglich 10 Tropfen **Pulsatilla D4**.

Verbrennungen, Verätzungen, Verbrühungen

Diese Verletzungen werden durch Feuer, heiße Asche, Elektrizität, Chemikalien, heiße Flüssigkeiten und Dämpfe verursacht. Je nach Grad der Verbrennung ist das Fell versengt, die Haut stark gerötet, geschwollen, äußerst empfindlich oder schmerzhaft.

Therapie: Innerlich: **Bachblüten Notfalltropfen.**
Jede Stunde 10 Tropfen **Echinacea D1.**

Äußerlich: einige Tropfen **Mucokehl D5** mehrmals direkt auf die Wunde (die Dilution ist mild, da sie auf Kochsalzbasis hergestellt wird), danach **Aloe-Vera-Gel** oder falls Sie eine Aloe Vera Pflanze besitzen, den Blattsaft direkt verwenden.

Vergiftungen

Symptome wie Erbrechen, blutiger Durchfall, krampfartige Zuk-
kungen, Gleichgewichtsstörungen, Blutarmut und Untertemperatur, können bei Vergiftungen auftreten, aber auch Begleiterscheinungen von schweren Infektionskrankheiten sein. Die
Diagnose Vergiftung kann zunächst nur dann gestellt werden,
wenn man den Hund beim Giftfressen beobachtet hat. Ein blo-
ßer Verdacht kann später nur durch eine Laboruntersuchung
bestätigt werden.

Therapie: erste Maßnahme nach dem Schlucken vergifteter Teile: Alle 15 Minuten je 10 Tropfen **Nux vomica D6**
und **Okoubaka D2**.
Schnellstmöglich zum Fachmann.

Entgegen früheren Empfehlungen ist heute Einflößen von
Öl oder Milch nicht mehr anzuraten, da viele der heute
verwendeten Gifte fettlöslich sind, d. h. sie würden noch
schneller ins Blut aufgenommen und ins zentrale Nervensystem gelangen.

Verrenkungen (Luxationen)

Durch ungewöhnlich großen Druck oder Gewalteinwirkung bei Unfällen kann es zu Verrenkungen oder Ausrenkungen kommen. Die zum Gelenk gehörenden Knochen werden aus ihrer natürlichen Lage gebracht. In den meisten Fällen ist diese Verlagerung deutlich sichtbar. Oft schwillt der Bereich stark an und bereitet dem Hund große Schmerzen.

Therapie: Da die Rückführung in die ursprüngliche Lage wegen der großen Schmerzhaftigkeit unter Narkose vorgenommen wird, muß das Tier in die Tierklinik. Behandlung der Begleiterscheinungen an Bändern und Sehnen siehe bei Verstauchungen.

Verschiedene Hunderassen neigen zu Luxationen des Kniegelenks. Hier empfiehlt sich, das Bindegewebe vorbeugend zu behandeln.

Therapie: 10 Tropfen **Rhus toxicodendron D12** morgens und 10 Tropfen **Chamomilla D6** abends 3 Wochen lang – Wiederholung nach Intervallen und dreimal täglich 10 Tropfen **Calcium fluoratum D12** sowie einmal wöchentlich 10 Tropfen **Silicea D200**. Umschläge mit **Kytta Plasma**.

Verstauchungen

Zu Verstauchungen kommt es durch Überdehnung und Zerrung der Gelenkkapsel und der Gelenkbänder ohne Verschiebung der Gelenkknochen. Häufigste Ursachen sind Unfall, Sprung oder Sturz aus großer Höhe und Ausrutschen auf glattem Boden. Fast immer bilden sich auch Blutergüsse. Die Verletzungen sind äußerst schmerzhaft.

Therapie: jede Stunde je 10 Tropfen **Arnica D3** und **Rhus toxicodendron D8** im Wechsel. Umschläge mit **Kytta Plasma** oder kalte Lehmumschläge (Heilerde).

Verstopfung

Sofern nicht ein Fremdkörper oder eine Geschwulst die Durchgängigkeit des Darms blockiert, ist eine Verstopfung eine Schwäche des Darms selbst, die sehr häufig nach Knochenfütterung auftritt. Der Knochenkot kann so steinhart sein, daß die normalen Darmbewegungen für den Abtransport nicht mehr ausreichen. Eine weitere Ursache kann mangelnder Auslauf oder Wurmbefall sein (Spulwurmknoten). Der Hund hat häufigen Stuhldrang, und trotz größter Anstrengung erfolgt kein Kotabsatz.

Therapie: je 10 Tropfen **Nux vomica D6** und **Carbo vegetabilis D6** im Wechsel, bei akuter Verstopfung in kurzen Abständen, sonst dreimal täglich.
Zusätzlich: je nach Größe des Hundes 1 Teelöffel bzw. 1 Eßlöffel Speiseöl; gemahlenen Leinsamen etwas quellen lassen, morgens und abends 1 Löffel davon;
Fencheltee; Mastdarmeinlauf; Bauchmassage.
Futterplan überprüfen!

Akupressurpunkte bei Verstopfung

Akupressur:
1. Rückenmitte zwischen den Dornfortsätzen der letzten Lendenwirbel;
2. oberhalb des inneren Ballens am Hinterlauf.

Vorhautentzündung

Sehr häufig sind es Großstadtrüden, die an diesem Vorhautkatarrh erkranken. Durch eindringende Bakterien bildet sich in der Vorhauttasche Eiter. Obwohl sich der Hund durch Lecken sauberhält, tropft dicker, gelber Eiter aus der Vorhautöffnung. Diese Entzündung beeinträchtigt das Allgemeinbefinden des Rüden kaum, erfordert jedoch eine längere Behandlung.

Therapie: dreimal täglich je 10 Tropfen **Pulsatilla D3** oder **Mezereum D3**.
Täglich säubern mit **Kamillentee**.

Warzen

Warzen sind Wucherungen an Haut und Schleimhäuten, die teilweise durch ein Virus, meist aber durch Stoffwechselstörungen entstehen. Warzen auf der Hautoberfläche sind rissig, leicht verhornt und trocken, während sie auf der Schleimhaut weiß, feucht und manchmal zottig aussehen.

Therapie: Trockene Warzen: je einmal täglich 10 Tropfen **Thuja D30** und **Causticum D12** bis zur Reaktion, dann reduzieren.

Feuchte Warzen: einmal täglich 10 Tropfen **Thuja D30** und dreimal täglich 10 Tropfen **Acidum nitricum D6**.

Zusätzlich einige Tropfen **Causticum comp.** äußerlich /oder Milchsaft von frischem Schöllkraut auftupfen.

Auch frischer Urin kann hilfreich sein.

Wundbehandlung nach Verletzungen, Bissen und Operationen

Die homöopathische Wundbehandlung erfolgt nach der Art der Entstehung und nach äußeren Merkmalen. Als innerliche Gaben bei:

stark blutenden Wunden:

in kurzen Zeitabständen je 10 Tropfen **Arnica D4** und **Hamamelis D3;**
oder **Trillium Spezial**

Nervenverletzungen:

jede Stunde 10 Tropfen **Hypericum D3;**

Gelenkwunden, bei denen Bänder und Sehnen verletzt wurden:

dreimal täglich 10 Tropfen **Ruta D3;**

Bißwunden:

dreimal täglich 10 Tropfen **Calendula D2;**

Stichwunden

alle 15 Minuten 10 Tropfen **Ledum D4;**

Narben, die schlecht heilen und eitern:
>dreimal täglich 10 Tropfen **Staphisagria D4**.

Narben mit »wildem Fleisch«:
>zweimal täglich 5 Tropfen **Mucokehl D5**.
>dreimal täglich 10 Tropfen **Graphites-Homaccord**.

Für sämtliche Verletzungen zusätzlich als äußere Behandlung:
Mucokehl D5 Tropfen oder **Mucokehl D3 Salbe, Traumeel-salbe**, Umschläge mit Zinnkraut.

Bei wundgelaufenen Pfoten:
im Winter auch vorbeugend gegen Streusalz:
>zweimal täglich Johanniskrautöl auftragen.

Würmer und Wurmerkrankungen

Unter den vielen verschiedenen Arten von Darmparasiten treten Spul- und Bandwürmer beim Hund am häufigsten auf. Sie verursachen Schädigungen der Darmwände und entziehen dem Organismus Nahrung. Hinzu kommt, daß durch ihre Ausscheidungen Gifte in den Körper gelangen. Der Hund bekommt struppiges, glanzloses Fell, ist blutarm (blasse Schleimhäute), hat häufig Juckreiz am After. Junge Hunde fallen auf durch allgemein mageres Aussehen und aufgeblähtem Bauch. Bei massivem Befall von Spulwürmern kann es auch zu Durchfall und Erbrechen von Würmern kommen. Spulwürmer sind 6-10 cm lang und sehen spaghettiähnlich aus.

Therapie: Zur Vorbeugung bei jungen Hunden: 10 Tage lang dreimal täglich 10 Tropfen **Abrotanum D3**.
Bei älteren Hunden: **Abrotanum D2**.
Nach Wurmabgang noch etwa 1 Woche einmal täglich 10 Tropfen **Calcium carbonicum D200**.
Darmsanierung (siehe Seite 30).

Bei Welpen oder sehr starkem Wurmbefall empfiehlt sich ein- bis mehrmaliges Entwurmen mit Mitteln vom Tierarzt.

129

Bandwurmbefall

Bei Bandwurmbefall – in der Regel sind es mehrere, deren Köpfe sich in der Darmwand festgesaugt haben – bemerkt man die abgestoßenen Glieder im Kot oder am After. Es sind etwa 1 cm lange, helle, glatte Gebilde. Im eingetrockneten Zustand haben sie Ähnlichkeit mit einem Reiskorn.

Therapie: Bandwurmmittel vom Tierarzt verabreichen. Danach als Umstimmungsmittel für den Darm, um einen erneuten Befall zu verhindern, einmal wöchentlich 10 Tropfen **Calcium carbonicum D200**.
Futterzusatz zur Vorbeugung: **Hagebuttenkerne**, **Kürbiskerne**, **Knoblauch** über längere Zeit.

Während Spulwurmeier vom Hund überall wieder direkt aufgenommen werden können, erfolgt die Aufnahme von Bandwurmeiern nur über einen Zwischenwirt, z. B. über den Hundefloh (siehe bei *Parasiten*). Im allgemeinen empfiehlt es sich, in regelmäßigen Abständen Kotuntersuchungen zu veranlassen.

Zahnfäule (Karies)

Beim Hund sind meistens die hinteren Backenzähne von diesem Fäulnisprozeß befallen. Zu Anfang bemerkt man vereinzelt braune Flecken, die in den Zahnschmelz eingelagert sind. Erst im fortgeschrittenen Stadium, wenn bereits eine tiefer liegende Vereiterung vorliegt, hat der Hund Zahnschmerzen beim Fressen. Häufig zeigt sich auch vermehrter Speichelfluß.

Therapie: Grundbehandlung: 3 Wochen lang dreimal täglich je 10 Tropfen **Staphisagria D6** und **Kreosotum D6** im Wechsel.

Hat sich bereits ein Eiterherd im Wurzelbereich entwickelt: je einmal täglich 10 Tropfen **Lachesis D10** und **Pyrogenium D30** im Wechsel

oder dreimal täglich 10 Tropfen **Mercurius sublimatus corrosivus D6.**

Es empfiehlt sich, als Vorbeugung das Gebiß des Hundes regelmäßig zu kontrollieren und die ersten sich bildenden Beläge, die anfänglich nur leicht aufgelagert sind, abzuwischen. Der Handel bietet auch Zahnpflegemittel an.
Zahnbeläge können übrigens manchmal auch auf einen gestörten Säure-Basenhaushalt hinweisen.
Futter überprüfen und Darm regulieren!

Zahnfleischentzündung, Mundschleimhautentzündung

Derartige Entzündungen werden durch Zahnstein, Zahnfleisch-rückbildung (Parodontose) und Verletzungen begünstigt. Sie können sich in der gesamten Mundhöhle ausbreiten. Zahnfleisch und Schleimhäute sind stark gerötet. Der Hund speichelt und riecht unangenehm aus dem Fang. Er verweigert das Futter.

Therapie: zweimal täglich 5 Tropfen **Notakehl D5** und **Pefrakehl D5** im Wechsel.
Myrrhetinktur auf das Zahnfleisch streichen.
Bei Geschwüren: dreimal täglich 10 Tropfen **Mercurius sublimatus corrosivus D6**.

Zwingerhusten

Zwingerhusten ist eine ansteckende starke Entzündung des Rachens und der Bronchien. Er wird durch Bakterien und Viren verursacht – eine sogenannte Mischinfektion, die meistens ohne Fieber verläuft und plötzlich auftreten kann. Der Hund hat heftige Hustenanfälle, die auch Brechreiz hervorrufen können. Der Husten ist zunächst trocken. Erst in der Heilphase wird Schleim abgehustet. Trotz heftigster Hustenattacken erscheint das Allgemeinbefinden der meisten Hunde während der ganzen Erkrankung meist relativ gut.

Therapie: alle 15 Minuten 10 Tropfen **Antimonium arsenicosum D6** oder je 10 Tropfen **Bronchiselect** und **Toxiselect** im Wechsel.

Zusätzlich zur Reizlinderung Hustensaft mehrfach täglich 1 Teelöffel **Jsephca Sirup**.

Noch ein Rezept zum Selbstherstellen:
1 Zwiebel grob hacken und mit Honig oder Kandiszucker zu einem Brei kochen. Dann jeweils etwa 1 Teelöffel voll eingeben.

Anhang

Die naturheilkundliche Hausapotheke für den Hund

| Appetitlosigkeit | **Flor de Piedra D4**
dreimal täglich 1 Tablette bzw. 10 Tropfen
oder
Derivato
dreimal täglich 1 Tablette |
|---|---|
| Augenentzündung | **Euphrasia-Augentropfen /
Mucokehl-Augentropfen** |
| Durchfall / Erbrechen /
Verstopfung | **Nux Vomica Homaccord**
dreimal täglich 10 Tropfen
oder
Nux Vomica D6
dreimal täglich 1 Tablette |
| Erkältung | **Ferrum phosphoricum D6**
drei- bis sechsmal täglich 1 Tablette |
| Fieber | **Aconitum D6**
Belladonna D4
mehrmals täglich 5 - 10 Tropfen |
| Husten | **Jsephca Tropfen**
drei- bis viermal täglich 5 Tropfen
oder
Jsephca Sirup
1 Teelöffel |

134

Insektenstiche	**Apis D4** innerlich mehrmals 5-10 Tropfen **Teebaumöl** äußerlich
Infektionen, die häufig wiederkehren	**Infi-Lymphect** dreimal täglich 1 Tablette
Kreislaufstörungen, Herzmuskelschwäche	**Infi-Camphora Tropfen** dreimal täglich 10 Tropfen akut: alle 30 Min. 5 Tropfen **und** **Bachblüten Notfalltropfen** viermal täglich 5 Tropfen
Schmerzen / Krampf	**Magnesium phosphoricum D6** dreimal täglich 1 Tablette – akut 10 Tabletten auflösen und schluckweise eingeben
Verletzungen (offen): Blutergüsse / Quetschungen	**Mucokehl D6 Tropfen** direkt äußerlich auftragen **Arnika D6** dreimal täglich 1 Tablette **oder** **Traumeel** dreimal täglich 1 Tablette oder 10 Tropfen **äußerlich:** **Traumeel-Salbe** **oder** **Aloe Vera Gel**
Eitrige Wunden:	**Notakehl D5** zweimal täglich 5 Tropfen

Mit dem Hund auf Reisen

Die Reiseapotheke sollte enthalten für:

Reisekrankheit	**Cocculus D6**
Erkältung	**Ferrum phosphoricum D6**
Fieber	**Aconitum D6 und Belladonna D4**
Husten	**Jsephca Sirup**
Entzündungen (eitrig)	**Notakehl D5**
Schmerzen und Krämpfe	**Magnesium phosphoricum D6**
Kreislaufschwäche	**Camphora D1 Bachblüten-Notfalltropfen**
Verletzungen	**Arnica D6** (besonders im Schädelbereich) **Mucokehl D5 Tropfen** (innerlich und äußerlich)
Stiche und Schwellungen	**Apis D4**
Magen-Darm-Beschwerden	**Nux vomica D6**

136

Homöopathische Arzneien
und ihre deutschen Bezeichnungen

Abrotanum	Eberraute
Acidum formicicum	Ameisensäure
Acidum nitricum	Salpetersäure
Aconitum	Blauer Eisenhut
Aesculus	Roßkastanie
Agnus castus	Mönchspfeffer
Aloe	gleichnamige Pflanze
Apis mellifica	Honigbiene
Argentum nitricum	Silbernitrat
Arnica	Bergwohlverleih
Antimonium arsenicosum	Antimonpentoxid und Arsentrioxid
Aristolochia	Osterluzei
Arsenicum album	Weißes Arsenik
Asa foetida	Gummiharz
Aurum	Goldpulver
Belladonna	Tollkirsche
Bellis perennis	Gänseblümchen
Berberis	Berberitze
Bryonia	Zaunrübe
Calendula	Ringelblume

Calcium carbonicum	Austernschalenkalk
Calcium fluoratum	Flußspat
Calcium jodatum	Calciumjodid
Calcium phosphoricum	Calciumhydrogenphosphat
Camphora	Kampfer
Cantharis	spanische Fliege (Käfer)
Carbo vegetabilis	Holzkohle
Causticum	frisch gebrannter Kalk
Chamomilla	Kamille
Chelidonium	Schöllkraut
Cocculus	Kockelskörner
Conium	gefleckter Schierling
Cuprum	Kupfer
Cyclamen	Alpenveilchen
Echinacea	Kegelblume
Euphrasia	Augentrost
Flor de Piedra	Steinblüte
Graphites	Graphit
Hamamelis	Zaubernuß
Hekla Lava	Lava vom Hekla-Vulkan
Hepar sulfuris	Bestandteile von Austernschale und Schwefelblume
Hyoscyamus	Bilsenkraut
Hypericum	Johanniskraut

Ignatia	Ignatiusbohne
Ipecacuanha	Brechwurzel
Kalium phosphoricum	Kaliumhydrogenphosphat
Kreosotum	Buchenholzteerkreosot
Lachesis	Schlangengift
Ledum	Sumpfporst
Lycopodium	Bärlapp
Magnesium carbonicum	basisches Magnesiumcarbonat
Mercurius solubilis	Gemisch von metallischem Hg und Quecksilber
Mercurius sublimatus corrosivus	Hydrargyrum bichloratum, Sublimat, Quecksilberchlorid
Mezereum	Seidelbast
Myristica sebifera	frischer Saft der Baumrinde
Natrium carbonicum	gereinigtes Soda
Natrium muriaticum	Kochsalz
Natrium sulfuricum	Glaubersalz
Nux vomica	Brechnuß
Oenanthe	Rebendolde
Okoubaka	Holz und Rinde der Okoubakapflanze
Petroselinum	Krause Blattpetersilie
Phosphorus	gelber Phosphor
Phytolacca	Kermesbeere

Platinum	Platin
Plumbum metallicum	Blei
Pulsatilla	Wiesenküchenschelle
Pyrogenium	Extrakt aus autolysiertem Fleisch
Rhus toxicodendron	Giftsumach
Ruta	Weinraute
Sabina	Sadebaum
Sepia	Tintenfisch
Silicea	Kieselsäure
Solidago	Goldrute
Spongia	Schwamm
Staphisagria	Stephanskraut
Stramonium	Stechapfel
Sulfur	Schwefelblüte
Symphytum	Beinwell
Syzygium	Früchte des Jambulbaums
Terebinthina	Terpentinöl
Thuja	Lebensbaum

Literatur

Brunner, Ferdinand: **Der unverstandene Hund**. Erkenntnisse
aus der tierpsychologischen Praxis. Naturbuch Verlag

Edelmann, Renate: **Mit Bachblüten unsere Haustiere heilen.**
Ein liebevoller und praktischer Ratgeber. Ansata Verlag

Lindenberg, Anne: **Bachblütentherapie für Haustiere.**
pala-verlag (erscheint 1996)

Niemand, Hans Georg und Suter, Peter F.: **Praktikum der
Hundeklinik**. Blackwell Wissenschaft

Pahlow, Mannfried: **Heilpflanzen**. Selbstbehandlung der
häufigsten Alltagsbeschwerden und Erkrankungen mit
ausgewählten Heilpflanzen. Verlag Gräfe und Unzer

Pahlow, Mannfried: **Mit Homöopathie natürlich
behandeln**. Verlag Gräfe und Unzer

Stauffer, Karl: **Homöotherapie**. Faksimile-Nachdruck
der Erstausgabe. J. Sonntag Verlag

Wolter, H. (Hrsg.): **Homöopathie für Tierärzte.**
Grundlagen und Geschichte, Arzneimittellehre,
Homöopathische Therapie. Schlütersche Verlagsanstalt

Bezugsquellen

Kräuter-Futterzusätze und andere Spezialitäten
für den Hund liefert:
Gebrüder Schätte KG (Direktversand)
88331 Bad Waldsee
Tel.: 07524/8015

Pflegemittel, Mineral-, Vitaminpräparate und andere Zusätze
bietet:
FORTAN GmbH
42356 Wuppertal
(im Zoohandel erhältlich)

Informationen zum Thema und eventuell auch Adressen über
Tierheilpraktiker in Ihrer Nähe gibt es bei:

Deutsche Gesellschaft der Tierheilpraktiker e.V.
Hasemannstraße 25-27
45879 Gelsenkirchen
Tel. 0209/201313

Homöopathie-Forum
(mit Arbeitskreisen für klassisch homöopathisch
arbeitende Tierheilpraktiker)
Grubmühlerfeldstraße 141
82131 Gauting
Tel. 089/8500356

Andere Bücher aus dem pala-verlag

M. Drossard / U. Letschert:
Naturheilkunde für Kleintiere
ISBN: 3-89566-105-8

Ute Rhein:
Der Geflügelhof
ISBN: 3-923176-13-9

Arnold / Reibetanz:
Alles für die Ziege
ISBN: 3-923176-44-9

Arnold / Reibetanz:
Alles für das Schaf
ISBN: 3-923176-45-7

Vollwertig, vegetarisch, gesund